AF601025

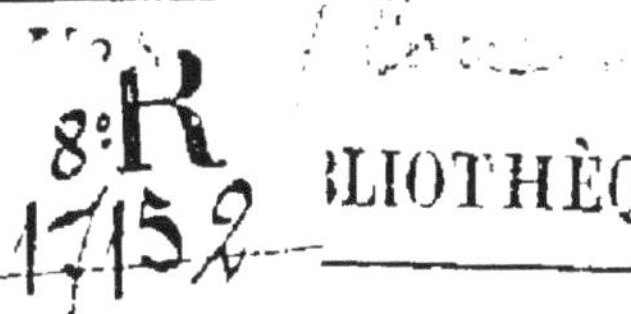
8°R 17152

0 fr. 50

BIBLIOTHÈQUE SOCIALISTE

K. MARX ET F. ENGELS

LE

MANIFESTE COMMUNISTE

2712

I

TRADUCTION NOUVELLE PAR CHARLES ANDLER

AVEC

LES ARTICLES DE F. ENGELS DANS LA *RÉFORME*

(1847-1848)

PARIS
SOCIÉTÉ NOUVELLE DE LIBRAIRIE ET D'ÉDITION
(LIBRAIRIE GEORGES BELLAIS)
RUE CUJAS, 17

1901

Tous droits réservés

SOCIÉTÉ NOUVELLE DE LIBRAIRIE ET D'ÉDITION

BIBLIOTHÈQUE SOCIALISTE

N° 1. MAURICE LAUZEL. *Manuel du coopérateur socialiste.*
N°s 2, 3, 4. ÉMILE VANDERVELDE. *Le collectivisme et l'évolution industrielle.*
N° 5. HUBERT BOURGIN. *Proudhon*, avec portrait.
N°s 6 et 7. LÉON BLUM. *Les Congrès ouvriers et socialistes français* (1876-1900).
N° 8. *Le Manifeste communiste.* I, traduction nouvelle par CHARLES ANDLER.

La **Bibliothèque socialiste**, dont la *Société Nouvelle de librairie et d'édition* entreprend la publication, comprend des œuvres de propagande et de doctrine, des études historiques et biographiques, des réimpressions et des traductions d'ouvrages socialistes importants, etc.

La **Bibliothèque socialiste** forme une série de volumes in-16 d'un format commode et d'une impression soignée.

La **Bibliothèque socialiste** *paraît par numéros de cent pages*, les œuvres étendues comprenant, s'il y a lieu, deux ou trois numéros (200 ou 300 pages).

Prix du numéro 0 fr. 50 Franco à domicile 0 fr. 60. Le numéro double 1 fr. ; franco 1 fr. 20. Le numéro triple 1 fr. 50 ; franco 1 fr. 80.

Il paraîtra au cours de l'année 1900-1901 (de novembre 1900 à septembre 1901) **douze numéros.**

Prix de souscription à la série de douze numéros : **Six francs franco.**

Prix pour les groupes, syndicats et coopératives socialistes : le numéro **0 fr.** 35 ; franco 0 fr. 45. Le numéro double 0 fr. 70 ; franco 0 fr. 90. Le numéro triple 1 fr. 05 ; franco 1 fr. 35.

PARAITRONT MENSUELLEMENT :

N°s 9 et 10. *Le manifeste communiste.* II, introduction historique et commentaire, par CHARLES ANDLER.
N°s 11 et 12. WILLIAM MORRIS. *En Utopie (News from nowhere)*, traduction par P. La Chesnais, avec portrait. Etc., etc.

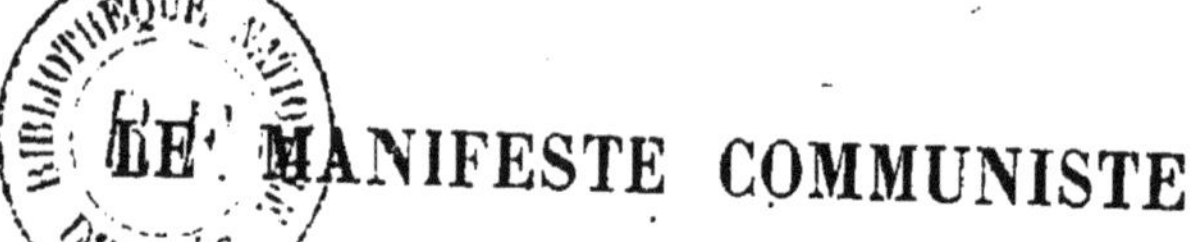

LE MANIFESTE COMMUNISTE

8° R
17152

BIBLIOTHÈQUE SOCIALISTE. N° 8.

K. MARX ET F. ENGELS

LE

MANIFESTE COMMUNISTE

BIBLIOTHÈQUE NATIONALE R.F.

I

TRADUCTION NOUVELLE PAR CHARLES ANDLER

AVEC

LES ARTICLES DE F. ENGELS DANS LA *RÉFORME*

(1847-1848)

PARIS
SOCIÉTÉ NOUVELLE DE LIBRAIRIE ET D'ÉDITION
(LIBRAIRIE GEORGES BELLAIS)
RUE CUJAS, 17

1901

Tous droits réservés

LE MANIFESTE COMMUNISTE

PRÉFACES DES AUTEURS

I

Une société internationale de travailleurs, société qui, dans les circonstances d'alors, ne pouvait être que secrète, la *Fédération des Communistes*, dans un congrès tenu par elle à Londres au mois de novembre 1847, donna mission aux soussignés de rédiger un programme du parti, détaillé à la fois dans ses analyses théoriques et dans ses indications pratiques, et destiné à la publication. Ainsi naquit le manifeste qu'on va lire et dont le manuscrit, peu de semaines avant la Révolution de février, fut envoyé à Londres pour être imprimé. Publié d'abord en allemand, il a eu au moins douze éditions différentes dans cette langue en Allemagne, en Angleterre et en Amérique. C'est en 1850 qu'il parut pour la première fois en anglais, dans le *Red Republican*, où le traduisit Miss Helen Macfarlane ; en 1871 il en parut au moins trois traductions différentes en Amérique. Une édition française en fut faite d'abord à Paris, peu de temps avant l'insurrection de juin 1848 ; une autre, toute récente, dans le

Socialiste de New-York. Une traduction nouvelle est en voie de préparation. Une édition russe parut à Genève vers 1860. Il eut enfin une traduction danoise peu de temps après la publication.

Malgré les changements qui se sont passés dans les vingt-cinq dernières années, les principes généraux que développe ce manifeste demeurent, tout compte fait, d'une justesse parfaite même de nos jours. Il y aurait lieu d'amender quelques détails. L'application pratique des principes, au dire du manifeste lui-même, dépendra toujours, et partout, des circonstances historiquement données. C'est pourquoi nous n'attachons aucune importance particulière aux mesures révolutionnaires proposées à la fin du chapitre II. Ce passage aujourd'hui devrait être modifié en plusieurs de ses termes. Les progrès immenses accomplis par la grande industrie dans les vingt-cinq dernières années, les progrès parallèles accomplis par la classe ouvrière organisée en parti, les expériences pratiques, d'abord de la Révolution de février, ensuite et bien plus de la Commune, où pour la première fois, durant deux mois, le prolétariat a eu en mains le pouvoir politique, font paraître vieilli plus d'un passage de ce programme. La Commune notamment a fourni la preuve que « la classe ouvrière n'est pas en état de simplement s'emparer du mécanisme politique existant, et de le mettre en marche pour son service propre. » (Voir dans *La guerre civile en France*, la circulaire du Conseil général de

---

l'Association internationale des Travailleurs, p. 19 de l'édition allemande, où cette idée est développée davantage.) Il va de soi aussi que la critique de la littérature socialiste offre une lacune pour la période contemporaine, puisqu'elle s'arrête en 1847. Enfin les remarques sur l'attitude des communistes devant les différents partis d'opposition (chapitre IV), qui demeurent exactes dans les grandes lignes, sont nécessairement vieillies dans leur applicabilité. La situation politique en effet s'est modifiée du tout au tout, et l'évolution historique a fait place nette de la plupart des partis énumérés dans ce chapitre.

Mais ce manifeste est un document historique que nous ne croyons plus avoir le droit de modifier. Peut-être une édition paraîtra-t-elle un jour, que nous accompagnerons d'une préface propre à combler la lacune béante entre l'année 1847 et notre temps. La réimpression actuelle est survenue trop à l'improviste pour nous en laisser le temps.

Londres, le 24 juin 1872.

KARL MARX, FRIEDRICH ENGELS.

II

La préface de la présente édition, je suis seul, hélas ! à la signer. L'homme à qui toute la classe ouvrière d'Europe et d'Amérique est plus redevable qu'à aucun autre, Marx, repose au cimetière de Highgate, et déjà sa tombe verdit d'un premier gazon. Moins que jamais, depuis sa mort, il ne peut être question de faire du manifeste une refonte ou de lui donner un supplément. Mais j'ai jugé d'autant plus nécessaire de fixer expressément une fois encore les points suivants.

L'idée fondamentale qui traverse le Manifeste, c'est que la production économique et la différenciation sociale des hommes qui, à chaque époque de l'histoire, résulte d'elle avec nécessité, forment la base de l'histoire politique et intellectuelle de cette époque. C'est aussi que (depuis la dissolution de l'ancienne propriété commune du sol) l'histoire entière a été une histoire de luttes de classes, de luttes entre classes exploitées et exploiteuses, dirigées et dirigeantes, à quelque degré de développement social qu'elles fussent d'ailleurs, les unes et les autres, parvenues ; c'est enfin que cette lutte est parvenue maintenant à une phase où la classe exploitée et opprimée (le prolétariat) ne peut plus s'affranchir de la classe exploiteuse et oppressive (la bourgeoisie), sans affranchir à tout jamais la société entière de toute exploitation, de toute oppression et de toute lutte de classes. Cette idée fondamentale est la propriété unique et exclusive de Marx [1].

1. Dans la préface à la traduction anglaise du *Manifeste*, j'ai ajouté ce qui suit : « Cette idée, dans mon opinion, fera faire à la science de l'histoire le progrès que la théorie darwinienne a fait faire à l'histoire naturelle. Nous avions approché peu à peu de cette idée tous deux, plusieurs années déjà avant 1845. Mon livre sur *La situation des classes laborieuses en Angleterre* montre jusqu'où j'étais

C'est là une déclaration que j'ai faite à maintes reprises. Il sied aujourd'hui qu'elle prenne place aussi en tête du Manifeste.

Londres, le 28 juin 1883.

F. Engels.

III

Depuis que les lignes précédentes ont été écrites, une nouvelle édition allemande du Manifeste est devenue nécessaire ; et des faits nouveaux se sont produits qui concernent le Manifeste, et qu'il me faut ici mentionner.

Une deuxième traduction russe — par Véra Sassoulitch — a paru en 1882 à Genève. La préface en fut rédigée par Marx et par moi-même. Par malheur, le manuscrit original allemand s'en est égaré. Il me faut donc retraduire sur le russe, ce qui n'est pas pour améliorer notre travail. Voici cette préface :

« La première édition russe du *Manifeste communiste*, traduit par Bakounine, parut un peu après 1860, à l'imprimerie du *Kolokol*. En ce temps-là une édition russe de cet écrit n'était guère, pour l'Occident, qu'une curiosité littéraire. Une telle manière de voir n'est plus, aujourd'hui, de mise. Le chapitre final sur « l'attitude des communistes devant les diffé-

parvenu moi-même dans ce sens. Mais lorsque je retrouvai Marx à Bruxelles, au printemps de l'année 1845, il en avait fait l'élaboration complète et me l'exposa en termes presque aussi clairs que ceux du résumé ci-dessus. [*Note de F. Engels.*]

rents partis d'opposition » suffit à montrer combien, au temps de la première publication du Manifeste (janvier 1848), la surface était restreinte, sur laquelle se propageait le mouvement prolétarien. Ce qui frappe, c'est qu'il n'y soit fait mention ni de la Russie ni des Etats-Unis. C'est qu'en ce temps la Russie formait la dernière réserve puissante de la réaction européenne ; et l'émigration aux États-Unis absorbait l'excédent des forces du prolétariat européen. Les deux pays étaient à la fois les pourvoyeurs auprès desquels l'Europe se fournissait de matières premières, et les débouchés où elle écoulait ses produits industriels. De toute manière ces pays étaient donc un appui pour l'ordre social européen.

Que les temps sont changés ! C'est l'émigration européenne qui a rendu possible le développement prodigieux de l'agriculture américaine, dont la concurrence ébranle jusque dans ses fondements la grande et la petite propriété européenne. Du même coup elle a mis les Etats-Unis en mesure de commencer l'exploitation de ses ressources industrielles immenses. Ils l'ont fait avec une énergie et en des proportions telles que le monopole industriel de l'Europe occidentale ne manquera pas de finir à bref délai. A leur tour, ces faits ont une répercussion révolutionnaire en Amérique. La petite et la moyenne propriété foncière des *farmers* qui travaillent de leurs bras, forme la base de tout l'ordre politique américain : or, elle succombe de plus en plus à la concurrence des fermes gigantesques. Dans les districts industriels, ce qu'on n'avait jamais vu, un prolétariat nombreux se forme, nonobstant une concentration fabuleuse des capitaux.

Passons à la Russie. Au temps de la Révolution de 1848-1849, les bourgeois, autant que les monarques de l'Europe, attendaient de l'intervention russe qu'elle les sauvât du prolétariat qui commençait à prendre conscience de ses forces. Ils furent d'accord pour mettre le tsar à la tête de la réaction européenne. Aujourd'hui il se morfond à Gatchina, où il est prisonnier de la Révolution ; et la Russie forme l'avant-garde du mouvement révolutionnaire de l'Europe.

La tâche du *Manifeste communiste* était d'annoncer la déchéance inévitable et imminente de la propriété bourgeoise. Mais en Russie, à côté d'un capitalisme qui se développe avec une hâte fébrile, à côté de la propriété foncière bourgeoise à peine constituée, nous trouvons un communisme rural de la terre qui occupe plus de la moitié du territoire.

Maintenant, la communauté paysanne russe, le *mir*, où se retrouve, dans une forme à vrai dire très décomposée, la primitive communauté rurale du sol, permet-elle de passer directement à une forme communiste supérieure de la propriété foncière ? Ou bien lui faudra-t-il subir d'abord la dissolution qui apparaît dans le développement historique de l'Occident ? Voilà la question.

La seule réponse qu'on y puisse faire aujourd'hui, est celle-ci :

« S'il arrive que la révolution russe donne le signal d'une révolution ouvrière en Occident, de façon que les deux révolutions se complètent, le communisme foncier de la Russie actuelle, le *mir* russe actuel pourra être le point de départ d'une évolution communiste. »

Londres, le 21 janvier 1882.

Vers le même temps, une traduction polonaise nouvelle a paru à Genève sous le titre de *Manifest Kommunistyczny*.

Une nouvelle traduction danoise a paru dans la *Socialdemocratisk Bibliothek*, à Copenhague, 1885. Malheureusement elle est incomplète. Quelques passages essentiels, qui semblent avoir causé des difficultés aux traducteurs, sont omis. Ailleurs il y a des légèretés, dont l'effet est d'autant plus fâcheux que le travail, visiblement, est d'un homme qui, avec un peu plus de soin, aurait pu fournir une traduction excellente.

Une nouvelle traduction française a paru dans le *Socialiste* de Paris en 1882. Elle est la meilleure de celles qu'on a publiées jusqu'ici.

Après elle, mais la même année, une traduction espagnole a paru, d'abord dans *El Socialista* de Madrid, et a été éditée, depuis, en brochure, sous le titre de *Manifiesto del Partido comunista por Carlos Marx y F. Engels*, Madrid, administracion de El Socialista, Hernan Cortés, 8.

J'ajouterai, à titre de curiosité, qu'en 1887 le manuscrit d'une traduction arménienne fut offert à un éditeur de Constantinople. L'excellent homme n'eut pas le courage d'imprimer un écrit signé du nom de Marx. Il estima que le traducteur ferait mieux de se dire lui-même l'auteur de l'opuscule. Le traducteur déclina cette proposition.

Plusieurs traductions américaines plus ou moins inexactes ont, à diverses reprises, été réimprimées en Angleterre. Une traduction authentiquée a été enfin publiée en 1888. Elle est de mon ami Samuel Moore. Nous l'avons revue ensemble avant l'impression. Elle est intitulée : *Manifesto of the Communist Party, by Karl Marx and Frederick Engels*. Authorized English Translation, edited and annotated by Frederick Engels, 1888. London, William Reeves, 185, Fleet-treet. E. C.

J'ai reproduit dans la présente édition plusieurs des notes ajoutées à cette édition anglaise.

Le Manifeste a eu sa destinée. Quand il parut, l'avant-garde, peu nombreuse alors, du socialisme scientifique le salua avec enthousiasme : les traductions citées dans la première préface l'attestent. La réaction, qui commença par l'écrasement des ouvriers parisiens en juin 1848, le remit à l'arrière plan. Enfin il fut mis hors la loi « dans toutes les formes de droit » par la condamnation des communistes de Cologne en 1852. Avec le mouvement ouvrier, issu de la Révolution de février, le Manifeste aussi disparut de la scène politique.

Quand la classe ouvrière européenne eut repris des forces pour un assaut nouveau contre la puissance des classes dirigeantes, surgit l'Internationale. Elle se proposait d'unir en une seule et prodigieuse armée la totalité des ouvriers militants d'Europe et d'Amérique. C'est pourquoi elle ne pouvait pas prendre pour *point de départ* les principes déposés dans le Manifeste. Il lui fallait un programme qui n'exclût ni les trades-unions anglaises, ni les proudhoniens français, belges, italiens, espagnols, ni les lassalliens allemands[1]. Le programme présenté dans l'exposé des motifs qui précèdent les statuts de l'Internationale, fut rédigé par Marx avec une maîtrise reconnue même de Bakounine et des anarchistes. Le triomphe final des propositions émises dans le Manifeste, Marx ne l'a jamais attendu que du seul développement intellectuel de la classe ouvrière, que devait amener l'action commune et la discussion en commun. Les événements, les vicissitudes du combat contre le capital, les défaites plus encore que les victoires ne pouvaient manquer d'éclairer les combattants sur l'insuffisance des panacées, en lesquelles ils avaient cru jusqu'alors, et de préparer leurs esprits à une intelligence approfondie des conditions véritables de l'émancipation ouvrière. Marx eut raison de penser ainsi. La classe ouvrière, en 1874, quand l'Internationale fut dissoute, ne ressemblait en rien

1. Lassalle lui-même, au cours de ses relations avec nous, n'a jamais manqué de se dire *disciple* de Marx ; et il va de soi qu'il se plaçait ainsi sur le terrain même du Manifeste. Il n'en va pas de même de ceux de ses adhérents qui s'en tenaient à son projet de coopératives de production commanditées par l'Etat, et qui divisaient toute la classe ouvrière en deux catégories : ceux qui demandaient l'aide de l'Etat et les partisans du *self help*. [*Note de F. Engels*].

à la classe ouvrière de 1864 qui l'avait fondée Le proudhonisme se mourait dans les pays latins ; le lassalléanisme étroit se mourait en Allemagne. Même les trades-unions anglaises, si opiniâtrement conservatrices, peu à peu en venaient à cet état d'esprit qui, à Swansea, en 1887, put faire dire au président de leur congrès : « Le socialisme continental a perdu pour nous son aspect terrifiant ». Mais dès 1887 le socialisme continental n'avait plus guère de doctrine que celle proclamée dans le Manifeste. Ainsi, on peut dire que l'histoire du Manifeste reflète en quelque façon l'histoire du mouvement ouvrier moderne depuis 1848. Nul doute qu'il ne soit présentement l'écrit le plus répandu, le plus international de toute la littérature socialiste; qu'il ne soit le programme commun de plusieurs millions de travailleurs de tous les pays, depuis la Sibérie jusqu'à la Californie.

Pourtant, quand il parut, nous n'aurions pas osé l'appeler un manifeste *socialiste*. On appelait *socialistes*, en 1847, deux sortes de gens. D'abord les adhérents des différents systèmes utopiques, et notamment les owenites d'Angleterre, les fouriéristes de France. Ils ne formaient plus alors que des sectes atrophiées et condamnées à disparaître. Puis, les apothicaires sociaux de tout acabit, les marchands de panacées, les rebouteurs de toute sorte, qui prétendaient remédier au malaise social sans froisser le moins du monde le capital et le profit. C'étaient, dans les deux cas, des gens placés à l'écart du mouvement ouvrier et qui, au contraire, cherchaient un appui dans les classes « cultivées. » Ceux-là parmi les ouvriers au contraire qui, s'étant convaincus de l'insuffisance des révolutions purement politiques, réclamaient un bouleversement profond de tout l'ordre social, se dénommaient du nom de *communistes*. Leur communisme, fruste, tout instinctif, fut parfois un peu grossier. Mais il eut la force d'enfanter deux systèmes de communisme utopique, en France le communisme *icarien* de Cabet, en Allemagne le communisme de Weitling. Le mot de socialisme en 1847 désignait un mouvement bourgeois ; le mot de communisme, un mouvement ouvrier. Le socialisme, du moins dans l'Europe continentale, avait ses entrées dans les salons ; le communisme, non pas. Et comme dèslors nous professions très décidément que « l'émancipation des travailleurs devait être l'œuvre des travailleurs eux-mêmes », nous ne pouvions hésiter un instant sur le nom à choisir. Et il ne nous est jamais venu à l'idée depuis de répudier ce nom.

« Prolétaires de tous les pays, unissez-vous ! » Des voix en petit nombre avaient répondu à ce cri, lorsque nous le lançâmes dans le monde il y a quarante-deux années, la veille de la première des révolutions de Paris où le prolétariat fit valoir des revendications en son propre nom. Mais le 28 septembre 1864, des prolétaires venus de la plupart des pays de l'Europe occidentale se réunissaient pour former cette *Association internationale des Travailleurs*, de glorieuse mémoire. Sans doute l'Internationale ne vécut que neuf années. Mais l'alliance éternelle des prolétaires de tous les pays, qu'elle a fondée, demeure vivante. Elle est plus vivace que jamais; et il ne saurait y en avoir de meilleur témoignage que la journée d'aujourd'hui. Au moment où j'écris ces lignes, le prolétariat européen et américain passe la revue de ses forces militantes mobilisées, et c'est la mobilisation d'une armée unique, qui marche sous un drapeau unique, et qui a un but prochain : la fixation par la loi de cette journée normale de huit heures, revendiquée déjà par le congrès de l'Internationale tenu à Genève en 1866, revendiquée à nouveau par le congrès ouvrier de Paris en 1889. Le spectacle auquel ils assisteront aujourd'hui fera voir aux capitalistes et aux landlords de tous les pays qu'en effet les prolétaires de tous les pays sont unis.

Pourquoi faut-il que Marx ne soit plus à mes côtés, pour voir de ses yeux cette grande chose!

Londres, le 1er mai 1890.

F. Engels.

LE MANIFESTE COMMUNISTE

1. L'Europe est hantée par un spectre, le spectre du communisme. Toutes les puissances de la vieille Europe, le pape et le tsar, Metternich et Guizot, radicaux de France et policiers d'Allemagne, se sont liguées dans une sainte croisade pour traquer ce spectre.

Qu'on cite un parti d'opposition qui n'ait pas été décrié comme étant communiste par ses adversaires au pouvoir, qu'on cite un parti d'opposition qui n'ait pas retourné l'accusation de communisme comme une marque infamante, et contre les hommes d'opposition plus avancée, et contre ses adversaires des partis de réaction.

D'où il faut tirer une double leçon.

C'est d'abord que dès aujourd'hui le communisme est reconnu pour une puissance par toutes les puissances européennes ;

C'est ensuite qu'il est grand temps pour les communistes d'exposer ouvertement aux yeux du monde leurs vues, leurs buts, leurs tendances, et d'opposer à la légende puérile du spectre communiste un manifeste authentique du parti lui-même.

Des communistes des nationalités les plus

diverses se sont donc réunis à Londres et ont rédigé le manifeste qui suit, et qui paraît en langues anglaise, française, allemande, italienne, flamande et danoise.

I

BOURGEOIS ET PROLÉTAIRES

2. Toute l'histoire de la société humaine jusqu'à ce jour est l'histoire de luttes de classes.

Homme libre et esclave, patricien et plébéien, baron et serf, maître artisan et compagnon, — en un mot oppresseurs et opprimés, dressés les uns contre les autres dans un conflit incessant, ont mené une lutte sans répit, une lutte tantôt masquée, tantôt ouverte; une lutte qui chaque fois s'est achevée soit par un bouleversement révolutionnaire de la société tout entière, soit par la destruction des deux classes en conflit.

Aux époques de l'histoire qui ont précédé la nôtre, nous voyons à peu près partout la société offrir toute une organisation complexe de classes distinctes, et nous trouvons une hiérarchie de rangs sociaux multiples. C'est, dans l'ancienne Rome, les patriciens, les chevaliers, la plèbe, les esclaves ; au moyen-âge, les seigneurs, les vassaux, les maîtres artisans, les compagnons, les serfs, et presque chacune de ces classes comporte à son tour une hiérarchie particulière.

---

3. La société moderne, la société bourgeoise née de l'écroulement de la société féodale, n'a pas aboli les antagonismes de classes. Elle n'a fait que substituer des classes nouvelles, de nouvelles possibilités d'oppression, de nouvelles formes de la lutte à celles d'autrefois.

Notre âge, l'âge de la bourgeoisie, a néanmoins un caractère particulier : il a simplifié les antagonismes de classes. De plus en plus, la société tout entière se partage en deux grands camps ennemis, en deux grandes classes directement opposées : la bourgeoisie et le prolétariat.

Les serfs du moyen-âge engendrèrent les bourgeois des premières communes ; de cette bourgeoisie des communes se développèrent les premiers germes de la bourgeoisie moderne.

La découverte de l'Amérique, la circumnavigation de l'Afrique fournirent un sol nouveau à la bourgeoisie qui levait. Le marché des Indes orientales et de la Chine, la colonisation de l'Amérique, les échanges commerciaux avec les colonies, la multiplication des moyens d'échange et, en général, des marchandises donnèrent au commerce, à la navigation, à l'industrie, un essor jusqu'alors inconnu, et, du même coup, hâtèrent la croissance de l'élément révolutionnaire présent au cœur de la société féodale qui s'écroulait.

4. Dorénavant, le mode féodal ou corporatif de l'exploitation industrielle ne suffisait plus à des besoins qui allaient grandissant à mesure que s'ouvraient de nouveaux marchés. La manufacture vint prendre sa place. Les maîtres de métier furent refoulés par la classe moyenne industrielle, et à la division du travail entre les diverses corporations se substitua la division du travail dans l'atelier même.

Mais les marchés ne cessèrent point de grandir, les besoins ne cessèrent point de s'accroître. Ce fut au tour de la manufacture d'être insuffisante. Et la vapeur et le machinisme vinrent révolutionner la production industrielle. La manufacture céda la place à la grande industrie moderne ; la petite bourgeoisie industrielle céda la place aux millionnaires de l'industrie, — aux chefs de véritables armées industrielles, aux bourgeois modernes.

La découverte de l'Amérique avait rendu possible le marché du monde : la grande industrie le réalisa. Le marché du monde fut pour le commerce, pour la navigation, pour les voies de communication par terre, le motif d'un développement immense, développement qui, à son tour, réagit sur la croissance de l'industrie; et chaque élargissement nouveau de l'industrie, du commerce, de la navigation, des voies ferrées, marquait un nouveau pas en avant de la bourgeoisie, qui multipliait d'autant plus ses capitaux et refoulait plus loin, à l'arrière plan, l'ensemble des autres classes sociales, résidu et legs du moyen-âge.

5. Ainsi la bourgeoisie moderne apparaît comme le produit d'un long développement, de toute une série de révolutions dans le mode de production et les moyens de communication. A chacun des degrés successifs de son ascension, la bourgeoisie réalisa un progrès politique d'ampleur égale. Classe écrasée sous la toute-puissance des seigneurs féodaux, association armée de pouvoirs et autonome dans les communes ; ici, république urbaine indépendante ; là, tiers-état taillable et corvéable de la monarchie ; puis, une fois venu l'âge des manufactures, contrepoids faisant équilibre à la noblesse, aussi bien dans la monarchie aristocratique que dans la monarchie absolue, pierre d'assise et base essentielle des grandes monarchies quelles qu'elles fussent, — l'institution de la grande industrie et du marché universel lui livra enfin, par droit de conquête, la souveraineté politique totale dans l'Etat représentatif moderne. La puissance gouvernementale moderne n'est autre chose qu'une délégation qui gère les intérêts communs de la classe bourgeoise tout entière.

6. Le rôle de la bourgeoisie dans l'histoire a été révolutionnaire au premier chef. Partout où la bourgeoisie s'est saisie du pouvoir, elle a détruit toutes les conditions féodales, patriarcales, idylliques de l'existence sociale. Elle a impitoyablement rompu les liens féodaux complexes et variés qui liaient chaque homme aux hommes que la naissance mettait au-dessus de lui, et elle n'a pas voulu qu'il subsistât entre les hommes d'autre lien que l'intérêt tout nu, où le sentiment n'a point de part, et que les strictes exigences du paiement au comptant.

Les frissons sacrés des pieuses ardeurs, des élans chevaleresques, de la sensibilité bourgeoise, elle les a noyés dans le flot glacé de l'égoïsme calculateur. Elle a monnayé en valeurs d'échange la dignité de la personne humaine, et, à la place de toutes les libertés ardemment poursuivies et chèrement conquises, elle a installé, toute seule, la liberté sans âme des transactions commerciales. En un mot, à l'exploitation déguisée sous un illusoire costume de religion et de politique, elle a substitué l'exploitation patente, sans pudeur, directe et brutale.

La bourgeoisie a dépouillé de leur nimbe tous les emplois de l'activité humaine que jusqu'alors on respectait et contemplait avec une pieuse vénération. Du médecin, du juriste, du prêtre, du poète, du savant, elle a fait des salariés à ses gages.

La bourgeoisie a arraché le voile d'émotion et de sentimentalité dont se glorifiait la famille, et le lien familial n'a plus été qu'une affaire d'argent.

La bourgeoisie a montré au grand jour comment l'expansion de force brutale, que la réaction admire si fort dans le moyen-âge, vint s'achever très logiquement dans la plus crapuleuse paresse. Elle a, comme personne ne l'avait fait avant elle, montré de quoi est capable l'activité humaine. Elle a réalisé de tout autres merveilles que les pyramides d'Egypte, les aqueducs romains et les cathédrales gothiques ; elle a accompli de tout autres campagnes qu'invasions et que croisades.

———

7. L'existence même de la bourgeoisie implique une transformation incessante des instruments de production, donc des conditions de la production, donc de tout l'ensemble des conditions sociales. Au contraire, l'immuable maintien de l'ancien mode de production était la condition essentielle d'existence pour toutes les classes industrielles du passé. Ce qui fait la marque caractéristique de l'âge bourgeois, c'est le bouleversement incessant de la production, c'est l'ébranlement sans répit de toutes les conditions sociales, c'est l'insécurité et l'agitation perpétuelles. Rompus les liens sociaux, immuables jusque-là et figés dans leur rouille, avec leur cortège d'idées et de croyances antiques et respectables ; usés, sans même avoir eu le temps de s'ossifier solidement, les liens de formation récente. Tout ce qui constituait l'esprit de caste et de stabilité s'en va en fumée, tout ce qui était sacré est profané, et il faut qu'enfin les hommes envisagent d'un œil clair et désabusé l'existence humaine et les relations humaines.

8. Le besoin d'ouvrir à ses produits des débouchés toujours plus vastes incite la bourgeoisie à une course effrénée sur toute la surface du globe. Il faut qu'elle s'insinue partout, s'installe partout, accroche partout le réseau de ses échanges.

Par son exploitation du marché universel, la bourgeoisie a imposé la forme cosmopolite à la production et à la consommation de tous les pays. Elle a, au grand chagrin des réactionnaires, soustrait à l'industrie son assise nationale. Les antiques industries nationales ont été anéanties, et leur ruine se poursuit de jour en jour. Elles cèdent la place à des industries nouvelles, dont l'adoption est pour tous les peuples civilisés une question de vie ou de mort, à des industries qui élaborent non plus les matières premières indigènes, mais des matières premières empruntées aux régions les plus lointaines, et qui fabriquent non plus uniquement pour la consommation indigène, mais pour l'univers entier. Les besoins de jadis, auxquels suffisaient les produits nationaux, ont fait place à des besoins nouveaux, qui requièrent pour leur satisfaction les produits des contrées et des climats les plus lointains. Les antiques barrières où s'abritait la paix solitaire et béate des existences locales et nationales se sont écroulées devant l'infinie complexité des échanges qui font entre les nations une solidarité étroite et complexe. Production matérielle, production intellectuelle, c'est tout un. Les œuvres de l'esprit que produit chaque nation deviennent le bien commun de toutes. C'en est fait des œuvres exclusives et bornées, écrites pour un seul peuple : de la multiplicité des littératures nationales et locales naît une littérature universelle.

9. En perfectionnant avec une rapidité prodigieuse l'ensemble des instruments de production, en rendant incomparablement plus faciles les communications, la bourgeoisie entraîne à la civilisation jusqu'aux actes les plus barbares. Le bon marché de ses produits est la grosse artillerie à l'aide de laquelle elle bat en brèche toutes les murailles de Chine, à l'aide de laquelle elle contraint à capituler les barbares les plus obtinés dans leur haine de l'étranger. Elle force toutes les nations du globe à adopter, sous peine de périr, son propre mode de produire ; elle les force à introduire chez elles-mêmes ce qu'on nomme civilisation, c'est-à-dire à devenir elles-mêmes bourgeoises. En un mot, elle se façonne un monde à son image.

10. La bourgeoisie a fait la ville maîtresse souveraine de la campagne. Elle a créé des villes énormes, elle a multiplié le peuple des villes infiniment plus que la population des campagnes, et elle a ainsi arraché une part importante de la population à la stupidité de la vie rurale. De même qu'elle a soumis la campagne à la ville, elle a mis les pays barbares ou à demi barbares dans la dépendance des pays civilisés, les peuples de paysans dans la dépendance des peuples de bourgeois, l'Orient dans la dépendance de l'Occident.

11. La bourgeoisie met fin de plus en plus à l'émiettement des moyens de production, de la propriété, de la population. Elle a aggloméré la population, centralisé les moyens de production, concentré la propriété en un petit nombre de mains. Le corollaire fatal, ce fut la centralisation politique. Des provinces indépendantes, à peine fédérées entre elles, ayant chacune leurs intérêts, leur législation, leur gouvernement, leurs douanes, furent serrées et pétries en une seule nation, ayant gouvernement unique, législation unique, un seul intérêt collectif de classe, une frontière douanière commune.

12. Il y a cent ans à peine que la bourgeoisie est la classe souveraine, et déjà elle a créé des forces productives dont le nombre prodigieux et la colossale puissance dépassent tout ce qu'ont su faire toutes les générations antérieures réunies. Les forces naturelles subjuguées, les machines, la chimie appliquée à l'industrie et à la culture, la navigation à vapeur, les chemins de fer, les télégraphes électriques, des continents entiers ouverts, les fleuves rendus navigables, des populations entières jaillies du sol, — quel âge eût osé pressentir jadis que des forces productives aussi immenses dormaient au sein du travail social?

13. Ainsi, nous avons vu naître de la société féodale les moyens de production et de consommation qui rendirent possible la formation de la bourgeoisie. Nous avons vu ces modes de production et ces moyens de communication, à un certain point de leur développement et de leur croissance, devenir incompatibles avec les conditions de production et d'échange de la société féodale, avec l'organisation féodale de l'agriculture et de la manufacture, en un mot avec le système féodal de la propriété. Tout ce système entrave la production au lieu de l'aider. Ce furent autant de chaînes. Il fallut que ces chaînes fussent brisées : elles furent brisées.

Et sur les débris de ce régime s'installa le régime de la libre concurrence avec la constitution sociale et politique qui en dérive logiquement, avec la toute-puissance économique et politique de la classe bourgeoise.

14. Nous assistons aujourd'hui à un processus analogue. Les conditions bourgeoises de la production et des communications, le système bourgeois de la propriété, la société bourgeoise moderne, qui a fait jaillir le prodige de ces puissants instruments de production et d'échange, — c'est le sorcier impuissant à maitriser les puissances souterraines qu'il a évoquées. Voilà quelques dizaines d'années que l'histoire de l'industrie et du commerce n'est plus autre chose que l'histoire de la révolte des forces productives modernes contre le régime moderne de la production, contre un régime de la propriété qui est la condition même d'existence de la bourgeoisie et la condition de sa souveraineté. Il suffit de citer les crises commerciales, qui reviennent périodiquement, plus menaçantes à chaque retour, mettre en question l'existence de la société bourgeoise tout entière. Toute crise commerciale entraine chaque fois non seulement l'anéantissement d'une bonne part des produits qui viennent d'être créés, mais encore la destruction de forces productrices antérieurement acquises. Une crise, c'est le déchainement d'une épidémie sociale que tous les âges antérieurs eussent jugée insensée, d'une épidémie de surproduction. Brusquement, la société se trouve ramenée à un état momentané de barbarie. C'est comme si une famine, une guerre générale de destruction venaient lui couper brusquement les moyens d'existence. L'industrie, le commerce paraissent anéantis, et pourquoi ? Parce que cette société a trop de civilisation, trop de moyens d'existence, trop d'industrie, trop de commerce. Les forces productives dont elle dispose ne servent plus alors à fortifier la situation de la propriété bourgeoise. Au contraire, elles ont prodigieusement dépassé dans leur croissance les proportions étroites de cette propriété. Cette propriété alors les entrave ; et, en jetant à bas cet obstacle, elles jettent aussi le désordre dans toute la société bourgeoise, elles menacent la propriété bourgeoise dans son existence même. Les conditions de l'existence bourgeoise sont devenues trop étroites pour retenir en elle toutes les richesses qu'elles ont servi à produire. — Quels sont les procédés dont use la bourgeoisie pour sortir de ces crises ? Le premier, c'est d'anéantir par la force une multitude de forces productives. Le second, c'est de conquérir des marchés nouveaux et d'exploiter plus à fond les marchés anciens. A quoi donc se réduisent ces pocédés ? On le voit : c'est à préparer des crises encore plus formidables et qui touchent à plus d'industries ; à diminuer encore les moyens qu'on a de prévenir ces crises.

15. Ainsi, les armes, dont la bourgeoisie s'est servie pour abattre la féodalité, se retournent à présent contre elle-même.

Ce n'est pas tout. Ce ne sont pas les armes seulement, dont elle périra, qu'elle a forgées.

Les hommes aussi qui useront de ces armes, — les ouvriers modernes, les *prolétaires*, — c'est elle qui les aura engendrés.

A mesure que grandit la bourgeoisie, c'est-à-dire le capital, à mesure aussi grandit le prolétariat, je veux dire cette classe des ouvriers modernes, qui n'ont de moyens d'existence qu'autant qu'ils trouvent du travail, et qui ne trouvent du travail qu'autant que leur travail accroît le capital. Ces ouvriers en sont réduits à se vendre eux-mêmes en détail. Ils sont une marchandise, un article de commerce comme un autre, et ils subissent le contre-coup, dès lors, de toutes les alternatives de la concurrence, de toutes les oscillations du marché.

Le développement du machinisme et la division du travail ont enlevé toute indépendance au travail des prolétaires ; et du même coup le travailleur ne peut plus prendre goût à son travail. Il est devenu un simple appendice de la machine, et on ne lui demande que la manœuvre la plus simple, la plus monotone, la plus facile à apprendre. Pour avoir des ouvriers, il n'en coûte guère plus aujourd'hui que la dépense de ce qu'il leur faut pour vivre et pour se perpétuer. Or, le prix d'une marchandise (et le travail est une marchandise) équivaut aux frais qu'il en coûte de la produire. C'est pourquoi à mesure que le travail devient plus rébarbatif, le salaire diminue. Il y a plus : A mesure que le machinisme et la division du travail se développent, la masse du travail à fournir augmente : on augmente le nombre des heures de travail, on augmente le travail exigible dans un temps donné, on accélère la marche des machines, etc.

16. Par l'industrie moderne, le petit atelier du maître-artisan patriarcal est devenu la grande usine du capitaliste industriel. Des multitudes ouvrières, encaquées dans l'usine, y sont organisées militairement. Ce sont les simples soldats de l'industrie, et il y a toute une hiérarchie de sous-officiers et d'officiers pour les surveiller. Il ne suffit pas qu'ils soient les serfs de la classe bourgeoise, de l'Etat bourgeois. Tous les jours et à toute heure ils sont asservis à la machine, au contrôleur, surtout au fabricant bourgeois lui-même. Despotisme d'autant plus mesquin, d'autant plus haineux et plus exaspérant, qu'il proclame plus ouvertement le lucre pour sa fin unique.

17. A mesure que le travail manuel exige moins d'habileté et de force physique (et il en exige de moins en moins à mesure que l'industrie moderne se développe), on voit le travail des femmes évincer le travail viril. Les différences de sexe et d'âge n'ont plus d'importance sociale pour la classe ouvrière. Les ouvriers ne sont plus que des instruments de travail, dont les frais d'entretien varient avec l'âge et le sexe.

18. Et une fois terminée l'exploitation de l'ouvrier par le fabricant, et le salaire payé en espèces trébuchantes, elle n'a pas encore de fin. Car aussitôt accourent les autres espèces de bourgeois, le propriétaire, le commerçant au détail, le prêteur sur gages, etc., qui fondent sur l'ouvrier.

A leur tour, les classes moyennes d'autrefois (*Mittelstände*), les petits industriels, les commerçants et rentiers, les artisans et paysans, tous tombent dans le prolétariat. Leur petit capital ne suffit plus à la marche de la grande industrie; il succombe dans la concurrence avec les grands capitalistes. Ou bien leur habileté est dépréciée par des méthodes de production nouvelles. Ainsi le prolétariat se recrute dans toutes les classes de la population.

19. Les phases de l'évolution que traverse le prolétariat sont multiples. Mais dès qu'il est né il a à lutter contre la bourgeoisie.

C'est une lutte des ouvriers, d'abord contre le bourgeois qui, individuellement et immédiatement, les exploite, et ceux qui engagent cette lutte sont d'abord des ouvriers isolés, ensuite les ouvriers de toute une fabrique, puis les ouvriers coalisés de toute une branche d'industrie dans un même centre. Ils dirigent leurs attaques non pas seulement contre les conditions existantes de la production bourgeoise. Ils s'en prennent aux instruments mêmes de la production. Ils détruisent les marchandises étrangères et concurrentes. Ils mettent en pièces les machines. Ils incendient les usines. Ils cherchent à rétablir la condition ruinée de l'ouvrier du moyen-âge.

20. C'est une phase durant laquelle les travailleurs forment une multitude éparse sur le pays, émiettée par la concurrence. La solidarité de la masse ouvrière, si elle vient à se produire, ne résulte pas encore de leur coalition propre. Ils ne se coalisent que sous la conduite d'une bourgeoisie, qui déjà se voit dans l'obligation, mais qui a encore la capacité de mettre en mouvement tout le prolétariat pour en arriver à ses fins politiques à elle. Par conséquent, à ce degré de l'évolution, les ouvriers ne luttent pas contre leurs ennemis vrais, mais contre les ennemis de leurs ennemis, contre les vestiges de la monarchie absolue, contre les propriétaires fonciers, les bourgeois non industriels, les petits bourgeois. Ainsi la direction de tout le mouvement historique se concentre aux mains de la bourgeoisie; Toute victoire remportée est alors une victoire de cette bourgeoisie.

21. Mais le développement de l'industrie ne fait pas qu'augmenter en nombre le prolétariat. Il agglomère le prolétariat en masses plus denses ; et sa force en est grandie avec le sentiment qu'il en a. Les différences dans les intérêts et dans le genre de vie se nivellent entre les catégories diverses du prolétariat lui-même, à mesure que l'outillage mécanique détruit les différences dans le genre de travail et réduit presque partout le salaire à un niveau d'une égale modicité. Mais ce salaire des ouvriers subit des oscillations de jour en jour plus fréquentes, du fait de la concurrence croissante que les bourgeois se font entre eux, et qui entraîne des crises commerciales. La condition entière de l'ouvrier est de plus en plus mise en question à mesure que s'accélèrent le développement et l'amélioration incessante du machinisme. De plus en plus alors les collisions entre l'ouvrier individuel et le bourgeois individuel prennent le caractère de collisions entre deux classes. Le début, c'est que les ouvriers commencent à former des coalitions contre les bourgeois. L'objet de leur union est la défense de leur salaire. Ils vont jusqu'à fonder des associations durables, dans le but d'accumuler des munitions pour des soulèvements éventuels. Par endroits, la lutte éclate en émeutes.

22. Parfois les ouvriers remportent une victoire, mais passagère. Le bénéfice véritable de ces luttes n'est pas celui qui donne le succès immédiat. Il consiste dans l'union qui se propage de plus en plus entre les ouvriers. Cette union est facilitée par les moyens de communication multipliés que la grande industrie crée et qui permettent aux ouvriers de localités différentes d'entrer en relations mutuelles. Or, dès que cette union est faite, la multiplicité des luttes locales du même ordre se transforme en une lutte nationale unique, à direction centralisée, en une lutte de classe. Mais toute lutte de classe est une lutte politique. L'union que les bourgeois du moyen-âge, quand ils ne disposèrent que de chemins vicinaux, mirent des siècles à réaliser, les prolétaires modernes, grâce aux chemins de fer, la réalisent en peu d'années.

23. Cette organisation, toutefois, qui crée une classe prolétarienne et, par suite, un parti politique prolétarien, à tout instant se brise à nouveau par la concurrence des ouvriers entre eux. Mais toujours aussi elle se redresse plus forte, plus ferme, plus puissante. En tirant parti des dissentiments internes de la bourgeoisie, elle parvient à faire reconnaître de force, et par la loi, quelques-uns des intérêts des travailleurs. Ainsi pour la loi sur la journée de dix heures en Angleterre.

24. Les collisions de tout ordre qui se produisent dans l'ancienne société facilitent, en beaucoup de cas, l'évolution du prolétariat. La bourgeoisie est engagée dans une lutte incessante : d'abord contre l'aristocratie, puis contre les fractions de la bourgeoisie elle-même dont les intérêts se trouvent en conflit avec le progrès de l'industrie, et toujours contre la bourgeoisie de tous les pays étrangers. Dans toutes ces luttes, il lui faut faire appel au prolétariat, lui demander son aide, et ainsi l'entraîner dans le mouvement politique. De la sorte, elle fournit au prolétariat les moyens éducatifs qui lui ont servi à se former elle-même ; elle lui fournit des armes qui se retourneront contre elle.

25. De plus, comme nous l'avons vu, le progrès de l'industrie jette dans le prolétariat des fractions considérables de la classe dominante, ou du moins les menace dans leur existence. Ces bourgeois déclassés fournissent, eux aussi, une foule de moyens éducatifs au prolétariat.

Enfin, toutes les fois que la lutte des classes approche d'un moment décisif, le processus de décomposition de la classe dominante, de toute la société ancienne affecte une violence et une brutalité telles qu'un petit groupe de la classe dirigeante se détache de cette classe et se joint à la classe révolutionnaire, à qui l'avenir appartient. Comme autrefois une partie de la noblesse passa à la bourgeoisie, ainsi de nos jours une partie de la bourgeoisie passe au prolétariat ; et c'est le cas notamment pour un certain nombre d'idéologues bourgeois qui se sont élevés jusqu'à l'intelligence théorique de l'ensemble du mouvement historique.

26. De toutes les classes qui de nos jours s'opposent à la bourgeoisie, le prolétariat seul est une classe vraiment révolutionnaire. Les autres classes s'étiolent et périssent devant la grande industrie ; le prolétariat émane d'elle comme son produit le plus authentique.

Les classes moyennes (*Mittelstände*), le petit industriel, le petit commerçant, l'artisan, le paysan, ne combattent la bourgeoisie que pour sauvegarder leur existence de classes moyennes menacées. Elles ne sont pas révolutionnaires par conséquent, mais conservatrices. Bien plus, elles sont réactionnaires. Elles tentent de faire rétrograder la roue de l'histoire. Ou si elles sont révolutionnaires, c'est en tant qu'elles discernent qu'elles sont condamnées à se fondre dans le prolétariat. Elles ne défendent pas alors leurs intérêts présents, mais leurs intérêts futurs. Elles quittent leur propre point de vue pour se placer au point de vue du prolétariat.

Quant à la canaille (*Lumpenproletariat*), à

cette pourriture inerte qui forme les couches les plus basses de la société ancienne, parfois, d'un soubresaut brusque, une révolution prolétarienne l'entraîne dans son mouvement. Son genre de vie cependant la disposera plus communément à se laisser acheter pour des manœuvres réactionnaires.

27. Les conditions d'existence de la société ancienne sont détruites par les conditions d'existence qui sont faites au prolétariat. Le prolétaire n'a pas de propriété. Il vit avec sa femme et ses enfants dans des rapports qui n'ont plus rien de commun avec le lien de famille bourgeois. Il a perdu tout caractère national dans ce travail industriel moderne, dans cet assujettissement moderne au capital, qui est le même en Angleterre et en France, en Amérique et en Allemagne. Les lois, la morale, la religion, constituent pour lui autant de préjugés bourgeois, derrière lesquels se dissimulent autant d'intérêts bourgeois.

28. Toutes les classes qui successivement jusqu'ici se sont emparées du pouvoir, cherchaient à sauvegarder leur situation de fortune acquise en imposant à toute la société les conditions qui leur assuraient leur revenu propre. Les prolétaires ne pourront conquérir les forces productives sociales qu'en abolissant les méthodes par lesquelles jusqu'ici il leur était fait une part de revenu, et par conséquent il leur faudra abolir tout le régime existant de répartition des revenus. Les prolétaires n'ont rien à sauvegarder qui leur appartienne. Ils ont à détruire, au contraire, toutes les garanties privées et toutes les sauvegardes privées qui existent.

29. Tous les mouvements sociaux jusqu'ici ont été accomplis par des minorités ou au profit de minorités. Le mouvement prolétarien est le mouvement spontané de l'immense majorité dans l'intérêt de l'immense majorité. Si le prolétariat, couche inférieure de la société présente, se soulève se redresse, il faudra bien que toute la superstructure de couches qui forme la société officielle soit emportée dans l'explosion de ce soulèvement.

30. La lutte du prolétariat contre la bourgeoisie n'est pas dans son fond, mais elle sera dans sa forme, une lutte nationale. Il faut évidemment que le prolétariat de chaque pays vienne à bout d'abord de sa propre bourgeoisie.

En décrivant ainsi les phases les plus générales du développement prolétarien, nous avons suivi la guerre civile plus ou moins latente dans la société actuelle jusqu'au point où il éclate en une révolution ouverte, et où, par l'effondrement violent de la bourgeoisie, le prolétariat fondera sa domination.

31. Toutes les sociétés jusqu'à ce jour ont reposé, nous l'avons vu, sur l'antagonisme de classes oppressives et de classes opprimées. Mais pour pouvoir opprimer une classe, du moins faut-il lui assurer des conditions d'existence qui lui permettent de traîner sa vie d'esclavage. Le serf, malgré son servage, s'était élevé au rang de membre de la commune; le petit bourgeois était devenu bourgeois, malgré le joug de l'absolutisme féodal. L'ouvrier moderne, au contraire, au lieu de s'élever par le progrès de l'industrie, descend de plus en plus au-dessous de la condition de sa propre classe. Le travailleur devient un pauvre, et le paupérisme grandit plus vite encore que la population et la richesse. Il devient ainsi manifeste que la bourgeoisie est incapable de demeurer désormais la classe dirigeante de la société et d'imposer à la société, comme une loi impérative, les conditions de son existence de classe. Elle est devenue incapable de régner, car elle ne sait plus assurer à ses esclaves la subsistance qui leur permette de supporter l'esclavage. Elle en est réduite à les laisser tomber à une condition où il lui faut les nourrir au lieu d'être nourrie par eux. La société ne peut plus vivre sous le règne de cette bourgeoisie ; c'est-à-dire que l'existence de la bourgeoisie n'est plus compatible avec la vie sociale.

32. La condition à laquelle se trouve principalement liée l'existence et la domination de la bourgeoisie, c'est l'accumulation des richesses entre les mains des particuliers, la formation et l'accroissement d'un capital. La condition sans laquelle il n'y a pas de capital, c'est le salariat. Le salariat tient uniquement à la concurrence des ouvriers entre eux. Mais le progrès de l'industrie, dont la bourgeoisie, sans préméditation et sans résistance, est devenue l'agent, au lieu de maintenir l'isolement des ouvriers par la concurrence, a amené leur union révolutionnaire par l'association. Ainsi le développement même de la grande industrie détruit dans ses fondements le régime de production et d'appropriation des produits où s'appuyait la bourgeoisie. Avant tout la bourgeoisie produit ses propres fossoyeurs. La ruine de la bourgeoisie et la victoire du prolétariat sont également inévitables.

II

PROLÉTAIRES ET COMMUNISTES

33. Quel est le rapport des communistes aux autres prolétaires ?

Les communistes ne forment pas un parti distinct en face des autres partis ouvriers.

Ils n'ont pas des intérêts distincts des intérêts du prolétariat tout entier.

Ils n'établissent pas de principes distincts, sur lesquels ils aient dessein de modeler le mouvement ouvrier.

La différence entre les communistes et les autres partis prolétariens se réduit à ceci : 1° dans les diverses luttes nationales des prolétaires, les communistes font remarquer et font valoir les intérêts indépendants de la nationalité, et communs à tout le prolétariat ; 2° dans les phases diverses que traverse la lutte entre le prolétariat et la bourgeoisie, les communistes représentent les intérêts du mouvement intégral.

34. Dans la pratique, les communistes sont donc la fraction la plus résolue des partis ouvriers de tous les pays, celle qui sans trêve leur donne une impulsion nouvelle. Dans la théorie, ils ont sur la masse prolétarienne l'avantage que donne l'intelligence des conditions, de la marche et des résultats généraux du mouvement prolétarien.

Le but immédiat pour les communistes est le même que pour tous les autres partis prolétariens : la constitution du prolétariat en classe, le renversement de la domination bourgeoise, la conquête du pouvoir politique par le prolétariat.

35. Les conceptions théoriques des communistes ne reposent nullement sur des idées, sur des principes inventés ou découverts par tels et tels réformateurs du monde.

Elles ne sont que l'expression générale des conditions de fait données avec une lutte de classe existante, avec un mouvement historique qui se passe sous nos yeux. L'abolition des conditions existantes de propriété n'est pas un caractère spécial du communisme.

36. Les conditions de la propriété ont, en permanence, et toutes, été soumises au bouleversement, à la métamorphose.

Ainsi, la Révolution française a aboli la propriété féodale au profit de la propriété bourgeoise.

Ce qui caractérise le communisme, ce n'est pas qu'il abolisse une propriété ; c'est qu'il abolisse la propriété bourgeoise.

Mais la propriété privée bourgeoise des temps

modernes est l'expression dernière et accomplie d'un état de choses où la production et l'appropriation des produits sont conditionnées par une lutte de classe, par une exploitation de l'homme par l'homme.

En ce sens les communistes ont le droit, en effet, de résumer leur théorie dans cette formule : abolition de la propriété privée.

37. On a souvent reproché aux communistes que nous sommes de vouloir abolir la propriété personnellement acquise par le travail de l'individu ; propriété qui, dit-on, forme la base de toute liberté, de toute activité, de toute indépendance personnelles.

Quelle est donc cette propriété acquise par le travail, l'activité, le mérite individuels ? Parle-t-on de la propriété du petit bourgeois, du petit paysan qui a existé avant la propriété bourgeoise ? Il n'est pas besoin que nous l'abolissions. Le développement de l'industrie l'a abolie déjà et tous les jours l'abolit davantage.

Parle-t-on de la propriété privée bourgeoise moderne ?

Est-ce donc que le travail salarié, le travail du prolétaire crée une propriété à ce prolétaire ? Nullement. Elle crée du capital. Elle crée la propriété qui exploite le travail salarié, et qui ne peut s'accroître qu'en augmentant le nombre des travailleurs salariés, qu'elle exploitera à leur tour. La propriété, dans sa forme actuelle, se meut entre les pôles opposés du capital et du travail salarié. Considérons ces deux pôles de l'antithèse.

38. Être capitaliste, ce n'est pas seulement être en possession d'une certaine situation personnelle ; c'est occuper une situation sociale dans la production. Car le capital est un produit collectif, et il ne peut être mis en œuvre que par le travail collectif de beaucoup, ou même, en dernière analyse, que par le travail collectif de tous les membres de la société.

Le capital n'est donc pas une puissance attachée à une personne, il est une puissance inhérente à la société.

Lorsqu'on fait du capital une propriété collective, appartenant à tous les membres de la société, ce n'est donc pas de la propriété personnelle qui se transforme en propriété collective. Ce qui est changé, c'est le caractère social de la propriété. Elle cesse d'être une propriété de classe.

39. Passons au travail salarié.

Le prix moyen auquel s'achète le travail salarié, c'est le minimum du salaire, c'est-à-dire la somme des moyens de subsistance nécessaires à faire vivre le travailleur selon sa condition de travailleur. Ce que le travailleur salarié s'approprie par son travail suffit tout juste pour reproduire sa vie, sans plus. Nous ne voulons nullement abolir cette appropriation personnelle des produits du travail, qui a pour objet d'entretenir immédiatement la vie. Elle ne laisse pas de revenu net capable de lui conférer un pouvoir sur le travail d'autrui. Mais nous voulons abolir tout ce qu'il y a de misérable dans une méthode de répartition qui ne fait vivre le travailleur qu'afin d'accroître le capital et lui mesure la vie aux exigences des intérêts de la classe dirigeante.

40. Dans la société bourgeoise, le travail vivant n'est qu'un moyen d'augmenter le travail accumulé dans le capital. Dans la société communiste, le travail accumulé ne sera qu'un moyen d'élargir, d'enrichir, de stimuler la vie des travailleurs.

Dans la société bourgeoise, le passé règne sur le présent ; dans la société communiste, le présent règnera sur le passé. Dans la société bourgeoise, c'est le capital qui est indépendant et personnel ; l'individu qui travaille n'a ni indépendance ni personnalité.

Abolir cet état de choses, voilà ce que la bourgeoisie appelle abolir la personnalité et la liberté ! Avec raison. Et sans doute il s'agit d'abolir la personnalité, l'indépendance, la liberté bourgeoises.

41. Dans les conditions actuelles de la production bourgeoise, on entend par liberté la liberté du commerce, celle d'acheter et de vendre.

Mais s'il n'y a plus de maquignonnage d'aucune sorte, il n'y aura plus non plus de liberté du maquignonnage. Toute la phraséologie du libre maquignonnage, de même que les autres forfanteries libérales de la bourgeoisie actuelle, n'a de sens que par opposition au maquignonnage entravé, à la bourgeoisie asservie du moyen âge. Elles n'ont plus de sens devant l'abolition communiste de tout maquignonnage, de toutes les conditions bourgeoises de la production et de la bourgeoisie elle-même.

42. En un mot vous nous reprochez de vouloir abolir la propriété au sens où vous l'entendez. Et à coup sûr, c'est bien là ce que nous voulons.

Dès l'instant où le travail cesse d'être transformable en capital, en argent, en rente foncière, bref en un monopole virtuel de puissance sociale : dès l'instant où la propriété personnelle cesse de pouvoir se convertir en propriété bourgeoise, vous déclarez que la personnalité est abolie.

Vous avouez donc que la personne, à votre sens, c'est le bourgeois, et le bourgeois propriétaire. A coup sûr, cette personnalité-là est à supprimer.

Le communisme n'ôte à personne le pouvoir de s'approprier des produits sociaux ; mais il ôte le pouvoir d'assujettir, en se l'appropriant, le travail d'autrui.

43. On a objecté que l'abolition de la propriété privée ferait cesser toute activité ; qu'une fainéantise générale ne tarderait pas à sévir.

S'il en était ainsi, la société bourgeoise depuis longtemps aurait péri dans sa fainéantise. Car, dans cette société, ceux qui travaillent ne s'enrichissent pas, et ceux qui s'enrichissent ne sont pas ceux qui travaillent. Le scrupule qu'on a se réduit à cette vérité de La Palisse : qu'il n'y aura plus de salariat quand il n'y aura plus de capital.

44. Les objections que l'on dirige contre la méthode communiste de produire et de répartir les objets matériels ont été dirigées de même contre la méthode future de créer et de répartir les produits de l'esprit. Pour un bourgeois, la suppression de la propriété de classe signifie l'arrêt de la production elle-même ; ainsi la suppression de la civilisation de classe signifie pour lui la suppression de toute civilisation.

Cette civilisation dont il déplore la perte, se réduit pour la majorité des hommes à un dressage qui fait d'eux des machines.

45. Mais abstenez-vous de discuter avec nous, si toute votre discussion se borne à apprécier avec ces notions bourgeoises (de liberté, de culture, de droit, etc.) l'abolition de la propriété bourgeoise. Vos idées ne sont-elles pas issues elles-mêmes des conditions bourgeoises de la production et la propriété ? Votre droit, qu'est-ce, sinon la volonté de votre classe érigée en loi, et dont l'objet est déterminé par les conditions matérielles de l'existence de votre classe ?

Une interprétation intéressée vous fait transformer en lois éternelles de la nature et de la raison les conditions de la production et de la propriété qui sont les vôtres, qui sont historiquement données, mais qui disparaîtront par l'évolution même de la production. C'est une prévention que vous partagez avec toutes les classes, qui de dirigeantes qu'elles étaient, ont [illegible]sé au rang de classes déchues. Vous conce[illegible] que la propriété antique, que la propriété féodale aient pu naître et disparaître ; vous êtes condamnés à ne plus oser le concevoir pour la propriété bourgeoise.

46. On nous dit que nous abolissons la famille ! Et les plus radicaux s'indignent de ce honteux dessein des communistes.

Sur quoi donc repose la famille actuelle, la famille bourgeoise ? Sur le capital, sur l'enrichissement privé. Elle n'existe en son plein développement que pour la bourgeoisie. Mais elle a pour corollaire la disparition totale de la famille parmi les prolétaires, et la prostitution publique.

La famille des bourgeois disparaîtra, cela va sans dire, avec le corollaire qui la complète ; et tous deux disparaîtront avec le capital.

Nous reprochez-vous de vouloir mettre un terme à l'exploitation des enfants par les parents ? Oui ; nous faisons l'aveu de ce crime.

47. Nous brisons, dites-vous, les lie[illegible] es plus tendres, en substituant à l'éducation familiale l'éducation sociale.

Mais votre éducation n'est-elle pas déterminée, elle aussi, par la société ? N'est-elle pas déterminée par les conditions sociales où l'éducation a lieu, par une intervention plus ou moins directe ou indirecte de la société, qui a pour moyens l'école et le reste ? Ce n'est pas une invention des communistes que cette action exercée par la société sur l'éducation. Ils se bornent, puisqu'elle existe, à vouloir en modifier le caractère ; ils arracheront l'éducation à l'influence de la classe dirigeante.

La phraséologie bourgeoise sur la famille, l'éducation, sur la tendresse entre parents et enfants, devient plus répugnante à mesure que la grande industrie détruit plus complètement, parmi les prolétaires, les liens de famille, au point de traiter les enfants comme de simples articles de commerce et comme des instruments de travail.

48. « Mais vous voulez, vous autres communistes, introduire la communauté des femmes ! » nous crie en chœur toute la bourgeoisie.

Le bourgeois traite sa femme comme un simple instrument de production. Il entend dire que les instruments de production doivent être socialisés. Il en vient tout naturellement à penser que cette socialisation s'étendra aux femmes.

Il ne soupçonne pas qu'il s'agit précisément de mettre un terme à cette condition qui est faite aux femmes, de n'être que de simples instruments de production.

Rien de plus risible, au reste, que cette épouvante, si hautement morale, éprouvée par nos bourgeois devant la communauté des femmes qui, à les entendre, sera à l'ordre du jour parmi les communistes. Les communistes n'ont pas besoin d'introduire la communauté des femmes ; elle a existé presque de tout temps.

Quant à nos bourgeois, non contents d'avoir à leur disposition les femmes et les filles de leurs prolétaires et une prostitution officielle que nous ne mentionnons même pas, ils ne connaissent pas de plus grande joie que de séduire les femmes les uns des autres.

Le mariage bourgeois est en réalité la communauté des femmes mariées. Tout au plus pourrait-on reprocher aux communistes de vouloir réaliser officiellement, et au grand jour de la tolérance, cette communauté des femmes, hypocrite jusqu'ici et clandestine. Il va de soi, au demeurant, qu'en abolissant les conditions actuelles de la production on ferait disparaître aussi la communauté des femmes qui en est issue, c'est à dire la prostitution officielle ou non officielle.

49. On a reproché encore aux communistes de vouloir abolir la patrie, la nationalité.

Les ouvriers n'ont pas de patrie. On ne peut pas leur ôter ce qu'ils n'ont pas. Sans doute le prolétariat doit tout d'abord conquérir le pouvoir politique, s'ériger en classe nationale souveraine, et se constituer lui-même en nation ; et en ce sens il est encore attaché à une nationalité. Mais il ne l'est plus au sens de la bourgeoisie.

Déjà le développement de la bourgeoisie elle-même, le libre-échange, l'universalisation du marché, l'uniformisation de la production industrielle et des conditions d'existence qu'elle entraîne, effacent par degrés les démarcations et les antagonismes entre nations.

La suprématie du prolétariat les effacera plus complètement, et une action combinée du prolétariat, de tous les pays civilisés tout au moins, est une des premières conditions de son émancipation.

A mesure qu'on abolira l'exploitation de

l'homme par l'homme, l'exploitation des nations par les nations aussi s'abolira.

L'hostilité des nations entre elles disparaîtra avec l'antagonisme des classes dans la nation.

50. Les accusations que l'on dirige contre le communisme d'un point de vue religieux, philosophique ou, pour tout dire, idéologique, ne méritent pas de discussion détaillée.

Faut-il une perspicacité profonde pour comprendre que les idées des hommes, leurs aperçus concrets autant que leurs notions abstraites, et, en un mot, leur conscience se modifient avec leurs conditions d'existence, avec leurs relations sociales, leur vie sociale ?

L'histoire des idées, que prouve-t-elle, sinon que la production intellectuelle se métamorphose avec la production matérielle ? Les idées dominantes d'un temps n'ont jamais été que les idées de la classe dominante.

On parle d'idées qui révolutionnent la société tout entière. On ne fait ainsi que formuler un fait, à savoir que les éléments d'une société nouvelle se sont formés dans la société ancienne ; que la dissolution des idées anciennes va de pair avec la dissolution des anciennes conditions d'existence.

C'est au moment où le monde antique allait périr, que les religions antiques furent vaincues par le christianisme. Quand les idées chrétiennes au XVIIIe siècle succombèrent à leur tour à la philosophie des lumières, c'était que la société féodale était engagée déjà dans une lutte mortelle avec la bourgeoisie, alors révolutionnaire. Les idées de liberté de conscience, de liberté religieuse ne faisaient que proclamer le règne de la libre concurrence dans le domaine du savoir.

51. « Sans doute, dira-t-on, les idées religieuses, morales, philosophiques, politiques, juridiques, etc., se sont modifiées au cours de l'évolution historique. Mais la religion, la morale, la philosophie, la politique, le droit, sont restés immuables à travers ces modifications.

« Et n'y a-t-il pas des vérités éternelles, telles que la liberté, la justice, etc., qui sont vraies pour tout régime social ? Or le communisme abolit les vérités éternelles. Au lieu de transformer la religion, la morale, il les abolit. Il contredit ainsi à toute la marche antérieure de l'histoire ».

A quoi se réduit cette accusation ? L'histoire de toute la vie sociale jusqu'ici a eu pour ressort des antagonismes de classe, dont la forme seulement a varié avec les époques diverses.

Mais, en dépit de ces variations dans la forme des antagonismes, le fait persistant à travers tous les siècles passés, c'est l'exploitation d'une partie de la société par l'autre partie. Quoi d'étonnant alors que la conscience sociale de tous les siècles, pour variable et diverse qu'elle paraisse, offre de certaines formes communes ? Formes de conscience, qui ne tomberont en poussière qu'avec la disparition totale de l'antagonisme de classe.

La révolution communiste sera la rupture radicale avec le régime traditionnel de la propriété. Quoi d'étonnant que, dans sa marche, elle entraîne une rupture radicale avec les idées traditionnelles?

52. Mais laissons là ces objections que la bourgeoisie fait au communisme.

Nous avons vu plus haut que la première démarche de la révolution ouvrière serait de constituer le prolétariat en classe régnante, de conquérir le régime démocratique.

Le prolétariat usera de sa suprématie politique pour arracher peu à peu à la bourgeoisie tous les capitaux, pour centraliser entre les mains de l'État, c'est-à-dire du prolétariat constitué en classe dirigeante, les instruments de production, et pour accroître au plus vite la masse disponible de forces productives.

53. Il va de soi que cela impliquera, dans la période de début, des infractions despotiques au droit de propriété et aux conditions bourgeoises de la production. Des mesures devront être prises qui, sans doute paraîtront insuffisantes et auxquelles on ne pourra pas s'en tenir, mais qui, une fois le mouvement commencé, mèneront à des mesures nouvelles et seront indispensables à titre de moyens pour révolutionner tout le régime de production. Ces mesures, évidemment, seront différentes en des pays différents. Cependant les mesures suivantes seront assez généralement applicables, du moins dans les pays les plus avancés :

1) Expropriation de la propriété foncière ; affectation de la rente foncière aux dépenses de l'Etat.

2) Impôt fortement progressif.

3) Abolition de l'héritage.

4) Confiscation des biens de tous les émigrés et rebelles.

5) Centralisation du crédit aux mains de l'État par le moyen d'une banque nationale constituée avec les capitaux de l'Etat et avec un monopole exclusif.

6) Centralisation des industries de transport aux mains de l'Etat.

7) Multiplication des manufactures nationales, des instruments nationaux de production; défrichement et amélioration des terres cultivables d'après un plan d'ensemble.

8) Travail obligatoire pour tous ; organisation d'armées industrielles, notamment en vue de l'agriculture.

9) Réunion de l'agriculture et du travail industriel ; préparation de toutes les mesures capables de faire disparaître progressivement la différence entre la ville et la campagne.

10) Education publique et gratuite de tous les enfants. Abolition des formes actuellement en usage du travail des enfants dans les fabriques. Réunion de l'éducation et de la production matérielle, etc.

54. Quand, par la marche des choses, les différences de classe auront disparu, quand la production entière sera concentrée entre les mains des individus associés, les pouvoirs publics perdront leur caractère politique. Le pouvoir politique, à vrai dire, est le pouvoir organisé d'une classe en vue de l'oppression d'une autre classe. Le prolétariat qui, dans sa lutte contre la bourgeoisie, opèrera nécessairement son unification de classe, qui, par une révolution, s'érigera en classe dirigeante, et, en sa qualité de classe dirigeante, supprimera violemment les conditions anciennes de la production, aura du même coup, et avec ces conditions de la production, supprimé les conditions mêmes qui amènent l'antagonisme de classe, l'existence des classes elles-mêmes, et il ôtera ainsi à sa propre suprématie le caractère d'une suprématie de classe.

A l'ancienne société bourgeoise, avec ses classes et ses antagonismes de classe, se substituera une association où le libre développement de chacun sera la condition du libre développement de tous.

III

LITTÉRATURE SOCIALISTE ET COMMUNISTE

1) *Le socialisme réactionnaire*

a) *Le socialisme féodal*

55. Par leur situation historique, l'aristocratie française et l'aristocratie féodale étaient appelées à écrire des pamphlets contre la société bourgeoise moderne. N'avaient-elles pas succombé une fois de plus à cette bourgeoisie parvenue et exécrée, en France, dans la Révolution de juillet 1830, en Angleterre, dans le mouvement des reformbills ? Il ne s'agissait

donc plus pour elles d'une lutte politique sérieuse. Il ne leur restait que la bataille littéraire. Mais, même en littérature, la vieille phraséologie de la Restauration était devenue insupportable. Pour éveiller des sympathies, l'aristocratie dut faire semblant de perdre de vue ses propres intérêts. C'est, en apparence, pour servir les intérêts de la classe ouvrière exploitée, qu'elle rédigea son réquisitoire contre la bourgeoisie. Elle se ménagea ainsi la satisfaction de pouvoir entonner des chants injurieux contre son nouveau maître, tout en lui soufflant à l'oreille des prophéties plus ou moins grosses de menaces.

Ainsi naquit le socialisme féodal. Il tient de la complainte et du libelle. On y perçoit l'écho du passé et déjà les grondements de l'avenir. Parfois il frappe au cœur la bourgeoisie par une critique amère, spirituelle, sanglante. Toujours il parut comique par son impuissance totale à comprendre la marche de l'histoire moderne.

56. En guise de drapeau, ces hommes arborèrent la besace des gueux prolétariens, et cherchèrent ainsi à ameuter le peuple. Mais à peine essayait-on de les suivre, qu'on apercevait les vieux écussons féodaux dont leurs chausses se blasonnaient par derrière, et le peuple de se disperser en s'esclaffant irrévérencieusement.

Quelques légitimistes français et la jeune Angleterre donnèrent ce spectale joyeux.

Quand les féodaux démontrent que leurs procédés d'exploitation étaient différents de la formule des méthodes d'exploitation bourgeoise, ils oublient de dire que leur exploitation s'entourait de circonstances et de conditions différentes elles aussi de celles d'aujourd'hui, et qui ne sont plus. Quand ils démontrent que, du temps de leur suprématie, il n'y avait pas de prolétariat, ils oublient d'ajouter que la bourgeoisie moderne a fleuri nécessairement de l'ordre social féodal.

57. Au demeurant, ils ne dissimulent pas la tendance réactionnaire de leur critique; et ce dont ils accusent principalement la bourgeoisie est, au contraire, d'amener, par son règne, le développement d'une classe qui fera crouler tout l'ancien ordre social.

Ce dont ils accusent la bourgeoisie, c'est moins encore d'enfanter un prolétariat que d'enfanter un prolétariat révolutionnaire.

C'est pourquoi, en politique, ils s'associent à toutes les mesures de violence contre la classe ouvrière. Et dans leur vie privée, en dépit de leur phraséologie pompeuse, ils ne dédaignent pas de ramasser les pommes d'or du crottin industriel. A la loyauté, à la fidélité, à l'honneur féodal, ils savent substituer l'âpre trafic de la laine, des betteraves, de l'eau-de-vie.

58. Les prêtres sont toujours allés de pair avec les féodaux. Ainsi le socialisme clérical va de pair avec le socialisme féodal.

Rien de plus aisé que de donner une teinte socialiste à l'ascétisme chrétien. Le christianisme ne s'est-il pas élevé, lui aussi, contre la propriété privée, contre le mariage, contre l'État ? N'a-t-il pas préconisé en leur place la bienfaisance et la mendicité, le célibat et la mortification de la chair, la vie monastique et l'Eglise ? Le socialisme chrétien n'est qu'une eau bénite, faite pour donner aux rancunes aristocratiques la consécration du prêtre.

b) Le socialisme des petits bourgeois

59. L'aristocratie féodale n'est pas la seule classe précipitée dans la ruine par la bourgeoisie. Elle n'est pas la seule dont les conditions d'existence se soient atrophiées et aient dépéri dans la société bourgeoise moderne. Avant la bourgeoisie capitaliste moderne, il y a eu une petite bourgeoisie médiévale, une classe de petits cultivateurs. Cette classe, dans les pays où le développement industriel et commercial est arriéré, continue à végéter à côté de la bourgeoisie grandissante.

En outre, dans les pays où la civilisation moderne a tout son développement, une petite bourgeoisie nouvelle s'est formée. Elle flotte entre le prolétariat et la bourgeoisie. Elle est une sorte d'appendice de la société bourgeoise qui se reforme sans cesse, Mais constamment aussi les individus de cette classe sont précipités dans le prolétariat par la concurrence, et ils voient venir un temps où le développement de la grande industrie les aura fait disparaître comme classe à part dans la société moderne, et où ils seront remplacés dans le commerce, dans la manufacture, dans l'agriculture, par des contre-maîtres et par des domestiques.

60. Dans les pays, comme la France, où la classe paysanne forme bien plus de la moitié de la population, il est naturel que des écrivains, en plaidant la cause du prolétariat contre la bourgeoisie, aient, dans leur critique du régime bourgeois, appliqué l'étalon des notions de la petite bourgeoisie et des paysans, qu'ils aient pris fait et cause pour les ouvriers dans un esprit de petite bourgeoisie. Ainsi s'est formé le socialisme des petits bourgeois. Le chef de cette littérature, non seulement pour la France, mais pour l'Angleterre, c'est Sismondi.

Ce socialisme, avec une extrême subtilité, fit l'analyse des contradictions inhérentes aux conditions modernes de la production. Il mit à nu l'hypocrisie qui est le fond des plaidoyers optimistes des économistes. Il démontra d'une façon irréfutable les effets destructeurs du machinisme et de la division du travail, la concentration des capitaux et des propriétés foncières, la surproduction, les crises, la nécessité du déclin des petits bourgeois et des paysans, la misère du prolétariat, l'anarchie de la production, les disproportions criantes qui se révélèrent dans la répartition des richesses, la guerre d'extermination industrielle entre nations, la dissolution des coutumes anciennes, des rapports de famille, des nationalités d'autrefois.

61. Le contenu positif de ce socialisme, cependant, quel est-il ? Ou bien il veut restaurer les anciennes méthodes de production et de communication, et avec eux le régime ancien de la propriété, toute la société ancienne ; ou bien il veut enserrer de force les moyens actuels de production et de communication dans un régime de propriété suranné, dont précisément ils ont brisé le cadre, qui ne pouvait pas ne pas être brisé. Dans les deux cas, il est à la fois réactionnaire et utopique.

Le régime corporatif pour la manufacture ; le régime patriarcal pour l'agriculture, voilà son dernier mot.

Plus tard cette école finit dans la lâcheté d'un marasme désabusé.

c) *Le socialisme allemand ou socialisme « vrai »*

62. La littérature socialiste et communiste de la France est née sous la pression d'une bourgeoisie dominante ; elle est l'expression littéraire de la lutte contre cette domination. Elle fut introduite en Allemagne à une époque où la bourgeoisie ne venait que de commencer sa lutte contre l'absolutisme féodal.

En Allemagne, des philosophes, ou des gens teintés de philosophie et de bel esprit, s'emparèrent avidement de cette littérature. Ils oublièrent seulement qu'en important en Allemagne ces écrits français on n'y transportait pas en même temps les conditions de l'existence française. Au regard de l'état de choses allemand, ces ouvrages français n'avaient plus de portée pratique immédiate : ils n'étaient plus qu'une manifestation purement littéraire. Ils apparurent comme une spéculation oiseuse sur *la réalisa-*

tion de la vraie nature humaine. Pareille éventualité s'était vue déjà au XVIIIe siècle. Les revendications de la Révolution française avaient paru de même, aux philosophes allemands d'alors, n'être que des revendications générales de « la raison pratique ». Les actes par lesquels se manifestait la volonté de la bourgeoisie française révolutionnaire, à leurs yeux, exprimaient les lois de la volonté pure, de la volonté telle qu'elle doit être, de la vraie volonté humaine.

63. L'effort de ces littérateurs allemands se borna à mettre en accord les nouvelles idées françaises avec leur vieille conscience philosophique, à saisir les idées françaises du point de vue de leur philosophie ancienne. Ils s'assimilèrent ces idées comme on s'assimile une langue étrangère, en les traduisant.

On sait comment les moines eurent coutume de recouvrir des récits d'une hagiographie absurde les manuscrits des ouvrages classiques du paganisme antique. Les littérateurs allemands, à l'égard de la littérature française profane, procédèrent en sens inverse. Ils glissèrent leurs absurdités philosophiques sous l'original français. Leurs ouvrages furent des palimpsestes où, derrière la critique française du régime monétaire actuel, ils écrivirent « aliénation de la vraie nature humaine » ; derrière la critique française de l'État bourgeois, « abolition de la suprématie de l'universalité abstraite », etc.

La substitution de ce jargon philosophique à l'analyse discursive française fut baptisée par eux : « philosophie de l'action », « vrai socialisme », « science allemande du socialisme », « recherche des fondements philosophiques du socialisme », etc.

La littérature socialiste et communiste française subit ainsi une véritable émasculation. Et, comme chez les Allemands elle n'était plus l'expression de la lutte d'une classe contre une autre classe, les Allemands se targuaient de s'être élevés au-dessus de *l'étroitesse française*, d'avoir plaidé la cause non des besoins vrais, mais des besoins de la vérité ; d'avoir défendu non pas les intérêts du prolétaire, mais les intérêts de la vraie nature humaine, de l'homme en général, qui ne fait pas partie d'une classe ni d'une réalité quelconque, mais qui n'existe que dans les cieux embrumés de la fantaisie philosophique.

64. Ce socialisme allemand, qui mettait un sérieux si solennel dans la gaucherie de ses exercices scolaires, qui en criait le boniment sur la place publique à son de trompe, perdit cependant bientôt sa première ingénuité pédantesque.

La lutte de la bourgeoisie contre la féodalité et contre la royauté absolue, le mouvement libéral en un mot, se fit plus sérieux en Allemagne, et surtout en Prusse.

L'occasion parut bonne au socialisme « vrai » d'opposer au mouvement politique les revendications socialistes ; de lancer les anathèmes traditionnels contre le libéralisme, contre le régime représentatif, contre la concurrence bourgeoise, la liberté bourgeoise de la presse, le droit bourgeois, la liberté et l'égalité bourgeoises ; d'enseigner aux masses populaires comment, à ce mouvement bourgeois, elles n'avaient rien à gagner et tout à perdre. Fort à propos, le socialisme allemand oublia que cette critique française, dont il n'était qu'une redite médiocre, supposait existante la société bourgeoise moderne, avec les conditions matérielles de vie qu'elle implique et la constitution politique qui s'y adapte ; conditions préalables dont, pour l'Allemagne, il s'agissait d'abord de conquérir la réalisation.

65. Les gouvernements absolus d'Allemagne, avec leur séquelle de prêtres, de maîtres d'école, de hobereaux et de bureaucrates, trouvèrent dans les doctrines de ce socialisme l'épouvantail qu'il leur fallait pour réagir contre la bourgeoisie grandissante et menaçante.

Ce socialisme fut un habillage de confiseries dont s'enveloppa l'âpre traitement de coups de fouet et de coups de fusil, que les gouvernements administrèrent à la fièvre émeutière des ouvriers allemands.

Ainsi le socialisme « vrai » devint une arme, contre la bourgeoisie, aux mains des gouvernements. Et aussi bien son but immédiat était de défendre un intérêt réactionnaire, l'intérêt de la bourgeoisie allemande des petites villes. En Allemagne, la petite bourgeoisie, legs du XVIe siècle et toujours renaissante depuis ce temps sous des formes diverses, forme la base sociale réelle du régime existant.

66. Maintenir la petite bourgeoisie, c'est maintenir le régime allemand actuel. La suprématie politique et industrielle de la bourgeoisie capitaliste menace cette petite bourgeoisie d'une ruine certaine, d'abord par suite de la concentration des capitaux, puis parce qu'elle enfante un prolétariat révolutionnaire. Le socialisme « vrai » lui paraissait anéantir à la fois le capitalisme et la prolétarisation; et d'une pierre, en l'utilisant, on faisait deux coups. Il se répandit avec la vitesse d'une épidémie.

Ce n'était qu'un vêtement tissé de la trame légère de la spéculation, broché de fleurs de rhétorique et de bel esprit, trempé comme d'une rosée de sentimentalité enfiévrée et tendre. Sous cette enveloppe éthérée, les socialistes allemands cachaient le squelette misérable de leurs « vérités éternelles ». Mais leur marchandise s'écoulait avec vitesse sous cette enveloppe.

De son côté, le socialisme allemand considéra de plus en plus comme sa mission de se faire l'avocat grandiloquent de cette petite bourgeoisie.

La nation allemande fut proclamée par lui la nation normale, le philistin allemand fut proclamé l'homme normal. A chacune des bassesses de cet homme il donna un sens caché, profond et socialiste qui permettait de l'interpréter en sens contraire. Il alla au bout de sa pensée en s'élevant contre l'école communiste « brutalement destructive », et en faisant valoir l'impartialité avec laquelle il planait au dessus de toutes les luttes de classes. A peu d'exceptions près, tout ce qu'il circule en Allemagne d'écrits prétendus socialistes et communistes, relève de cette littérature énervante et malpropre [1].

2) *Le socialisme conservateur ou bourgeois*

67. Une partie de la bourgeoisie cherche à remédier au malaise social, afin d'assurer la durée de la société bourgeoise.

De ce nombre sont les économistes, les philanthropes, les humanitaires, ceux qui s'occupent d'améliorer le sort des classes ouvrières, d'organiser la bienfaisance, de protéger les animaux, de fonder des sociétés de tempérance, les réformateurs en chambre de tout poil. Des systèmes entiers se sont consacrés à l'élaboration de ce socialisme bourgeois.

Nous citerons comme exemple la *Philosophie de la misère*, de Proudhon.

Les socialistes bourgeois veulent maintenir les conditions d'existence de la société moderne, sans s'exposer aux luttes et aux périls que ces conditions entraînent nécessairement. Ils veulent la société actuelle, mais débarrassée des éléments qui la révolutionnent et la dissolvent. Ils veulent la bourgeoisie sans le prolétariat. Comment, pour la bourgeoisie, le monde où elle est souveraine ne serait-il pas le meilleur

1. La tourmente révolutionnaire de 1848 a balayé toute cette école misérable et a ôté le goût à ses représentants de continuer ses contrefaçons socialistes. Le représentant principal et le type de l'école est M. Karl Grün (Note de l'édition de 1872).

des mondes possibles ? De cette conception optimiste le socialisme bourgeois fait un système ou une ébauche de système. Il demande au prolétariat de réaliser ces systèmes, de faire son entrée dans la Jérusalem nouvelle. Il entend par là que le prolétariat doit s'en tenir à la société présente et ne se débarrasser que de l'idée haineuse qu'il s'en fait.

68. Une autre forme moins systèmatique, mais plus pratique, du socialisme bourgeois essaya de dégoûter les ouvriers de tout mouvement révolutionnaire en leur démontrant qu'un changement politique, de quelque ordre qu'il fût, ne pouvait leur être d'aucune utilité ; qu'un changement des conditions matérielles de la vie, des conditions économiques, pouvait seul les servir. Mais ce que ce socialisme appelle un changement des conditions matérielles de la vie, ce n'est nullement l'abolition des conditions bourgeoises de la production, laquelle n'est réalisable que par la voie révolutionnaire. Il entend par là des réformes administratives qui auraient pour base le maintien des conditions de la production ancienne. Ces réformes ne changeraient rien aux rapports du capital et du travail. Tout au plus diminueraient-elles pour la bourgeoisie les frais de son gouvernement et de sa gestion économique.

Le socialisme bourgeois ne trouve son expression vraie que dans les figures de rhétorique pure et simple où il aboutit.

Le libre échange... dans l'intérêt de la classe ouvrière ! Des droits protecteurs... dans l'intérêt de la classe ouvrière ! Des prisons cellulaires... dans l'intérêt de la classe ouvrière ! Voilà le dernier mot du socialisme bourgeois, et sa seule parole sérieuse.

Le socialisme de la bourgeoisie consiste à dire que les bourgeois sont des bourgeois... dans l'intérêt de la classe ouvrière.

3) *Le socialisme et le communisme critico-utopique*

69. Nous ne parlons pas ici de la littérature, qui, dans toutes les grandes révolutions modernes, a exprimé les revendications du prolétariat (Écrits de Babeuf, etc.)

70. Les premières tentatives que fit le prolétariat, en un temps de bouleversement général, au temps où l'on renversait le régime féodal pour faire prévaloir son propre intérêt de classe, échouèrent de toute nécessité. Elles échouèrent parce que le prolétariat lui-même n'avait atteint encore qu'un développement rudimentaire, et parce qu'il lui manquait les conditions matérielles de son émancipation, lesquelles précisément ne sont qu'un produit de l'époque bourgeoise. La littérature révolutionnaire qui accompagne ces premiers mouvements du prolétariat est d'essence nécessairement réactionnaire. Elle enseigne un ascétisme universel et un égalitarisme grossier.

71. Les systèmes à proprement parler socialistes et communistes, ceux de Saint-Simon, de Fourier, d'Owen, etc., surgissent dans la première période de la lutte encore incomplètement engagée entre le prolétariat et la bourgeoisie. On l'a ci-dessus décrite (Voy. *Bourgeois et prolétaires*, §§ 19-21).

Les inventeurs de ces systèmes discernent nettement l'antagonisme des classes, l'action des éléments dissolvants qui travaillent la classe dominante. Ils ne discernent pas, dans la classe prolétarienne, l'énergie autonome, le mouvement politique qui lui sont propres.

Comme le développement de l'antagonisme de classe va de pair avec le développement de l'industrie, ces hommes ne trouvent pas réalisées non plus les conditions de l'émancipation prolétarienne. Ils se mettent donc en quête d'une science sociale, de lois sociales, capables de créer ces conditions.

A l'activité sociale absente, ils suppléèrent par leur inventivité personnelle ; aux conditions historiques de l'émancipation, ils suppléèrent par des conditions imaginaires ; à l'organisation d'un prolétariat lentement et spontanément mûri à la vie de classe, ils suppléèrent par une organisation de la société laborieusement enfantée par eux. Toute l'histoire universelle future se réduit pour eux à la propagande et à la mise en pratique de leurs plans de société.

72. Ils ont conscience, à vrai dire, que, dans ces projets, ils défendent surtout les intérêts de la classe laborieuse, celle qui est, à leurs yeux, la classe la plus souffrante. Et le prolétariat n'existe pour eux que sous cet aspect de la classe souffrante entre toutes.

———

Le développement très imparfait de la lutte de classe qu'ils observent, et leur propre situation de fortune, font qu'ils se croient eux-mêmes fort au-dessus de cet antagonisme des classes. C'est le genre de vie de tous les hommes, même des plus favorisés, qu'ils veulent améliorer. Aussi ne cessent-il pas de faire appel à la société tout entière et sans distinction, ou même de préférence à la classe dirigeante. Ne suffit-il pas de comprendre leur système, pour y voir le meilleur plan possible de la meilleure des sociétés possibles?

Il est logique encore qu'ils repoussent toute action politique, et toute action révolutionnaire notamment. Ils prétendent arriver à leur but par des voies pacifiques. Des expériences faites en petit, et dès lors nécessairement manquées, doivent fournir l'exemple dont la force persuasive frayera le chemin au nouvel évangile social.

Ces descriptions imaginaires de la société future surgissent en un temps où le prolétariat, n'ayant atteint qu'à un développement fort imparfait, n'a lui-même de sa position qu'une notion imaginaire. Elles disent son premier et instinctif effort vers une transformation universelle de la société.

73. Mais il y a, dans ces écrits socialistes et communistes, des parties critiques. Ils s'en prennent aux fondements mêmes de la société existante. Ils ont amoncelé des matériaux merveilleusement propres à éclairer les ouvriers. Quant à leurs propositions positives touchant la société future, par exemple celles qui tendent à abolir l'antagonisme entre les villes et les campagnes, à abolir la famille, l'entreprise privée, le salariat, à proclamer l'harmonie sociale, à transformer l'État en une simple administration de la production, elles signifient simplement qu'il faudrait faire disparaître l'antagonisme des classes. Or cet antagonisme, à peine commençant, ces systèmes n'en peuvent connaître encore que les débuts où il n'a pas encore de forme précise. Les propositions qu'ils formulent n'ont donc qu'un sens purement utopique.

74. Le socialisme et le communisme critico-utopique ont une importance décroissante à mesure que l'importance du mouvement historique va grandissant. A mesure que la lutte de classe s'engage et dessine ses lignes de bataille, cet effort de l'imagination pour s'élever au-dessus de cette lutte, et pour l'enrayer, est pratiquement plus stérile et théoriquement moins justifié.

A beaucoup d'égards les fondateurs de ces systèmes sont des révolutionnaires authentiques. Mais, pour la raison qu'on vient de dire, leurs disciples ne manquent jamais de former des sectes réactionnaires. Ils s'en tiennent aux idées vieillies des maîtres, même en face du développement historique du prolétariat qui déjà les a dépassées. Il est logique qu'ils cherchent à diminuer l'acuité de la lutte de classe, à chercher des compromis entre les extrêmes. Ils rêvent, comme par le passé, de réaliser par de menues expériences leurs utopies sociales, de fonder des phalanstères isolés, de faire de la colonisation intérieure, d'établir de petites Icaries [1]. Ils refont des éditions minuscules de la nouvelle Jérusalem. Or pour bâtir sur un sol réel ces châteaux en Espagne, il leur faut faire appel au cœur et au sac d'écus de la philanthropie bourgeoise. Peu à peu, ils passent à l'une des catégories de socialistes réactionnaires ou conservateurs plus haut décrites, et ils ne s'en distinguent que par un pédantisme plus systématique et par une foi fanatique et superstitieuse dans les effets merveilleux de leur science sociale.

C'est pourquoi ils s'opposent avec acharnement à tout mouvement politique des ouvriers. Car de tels mouvements supposeraient un manque de foi aveugle dans le nouvel évangile.

Les owenites anglais font, pour cette raison, de la réaction contre le chartisme, comme les fouriéristes français en font contre le réformisme.

1. Owen appelle *colonies à l'intérieur* (home-colonies) ses sociétés communistes modèles. On appelait *phalanstères* les palais sociaux projetés par Fourier.

On désigna du nom d'Icarie le pays imaginaire et utopique, dont Cabet décrivit les institutions communistes. [*Note de F. Engels.*]

IV

ATTITUDE DES COMMUNISTES DEVANT LES DIVERS PARTIS D'OPPOSITION

75. Ce qui a été dit chapitre II suffit à déterminer, sans explication nouvelle, le rapport des communistes avec les partis ouvriers déjà constitués, avec les chartistes en Angleterre, avec les réformateurs agraires dans l'Amérique du Nord.

Sans doute ils livrent bataille pour les fins prochaines et immédiates, pour les intérêts proches et immédiats de la classe ouvrière. Mais, dans le mouvement du temps présent, ce qui les préoccupe et ce qu'ils défendent, c'est aussi l'avenir de ce mouvement. En France, les communistes se rallieront au parti démocrate-socialiste[1] contre la bourgeoisie conservatrice et radicale; mais ils ne renonceront pas, pour cela, au droit de garder une parfaite indépendance critique devant les phrases et les chimères qui proviennent de la tradition révolutionnaire.

En Suisse, ils appuieront les radicaux, sans oublier que ce parti est un mélange d'éléments disparates, et que des démocrates socialistes de nuance française s'y coudoient avec des radicaux simplement bourgeois.

1. Le parti qui, alors, en France, se nommait le parti démocrate-socialiste était celui que représentait Ledru-Rollin en politique et Louis Blanc en littérature. Il différait donc infiniment du socialisme démocratique de l'Allemagne actuelle. [*Note de F. Engels.*]

En Pologne, les communistes appuieront le parti qui pose comme condition à l'émancipation nationale une révolution agraire, c'est-à-dire le parti qui a provoqué l'émeute de Cracovie en 1846.

En Allemagne, le parti communiste luttera aux côtés de la bourgeoisie dans toutes les occasions où la bourgeoisie reprendra son rôle révolutionnaire ; avec elle, il combattra la monarchie absolue, la propriété foncière féodale, la petite bourgeoisie.

76. Mais pas un instant il n'oubliera d'éveiller parmi les ouvriers la conscience la plus claire possible de l'opposition qui existe entre la bourgeoisie et le prolétariat, et qui en fait des ennemis. Il faut que les conditions sociales et politiques qui accompagneront le triomphe de la bourgeoisie se retournent contre la bourgeoisie elle-même comme autant d'armes dont aussitôt les ouvriers allemands sauront faire usage. Il faut qu'après la chute des classes réactionnaires en Allemagne, la lutte contre la bourgeoisie s'engage sans tarder.

77. C'est l'Allemagne surtout qui attirera l'attention des communistes. L'Allemagne est à la veille d'une révolution bourgeoise. Cette révolution elle l'accomplira en présence d'un développement général de la civilisation européenne et d'un développement du prolétariat que ni l'Angleterre au XVIIe siècle, ni la France au XVIIIe n'ont connu. La révolution bourgeoise allemande sera donc, et de toute nécessité, le prélude immédiat d'une révolution prolétarienne.

78. — En un mot, les communistes dans tous les pays appuieront tous les mouvements révolutionnaires contre l'état social et politique existant.

Dans tous ces mouvements, la question qu'ils mettront au premier plan, la question pour eux essentielle, est celle de la propriété, dût même le débat sur cette question n'être pas encore engagé très à fond.

Enfin les communistes travailleront de toutes parts à l'union et à l'entente des partis démocratiques de tous les pays.

Les communistes jugent indigne d'eux de dissimuler leurs opinions et leurs projets. Ils déclarent ouvertement que leurs desseins ne peuvent être réalisés que par le renversement violent de tout l'ordre social traditionnel. Aux classes dirigeantes à trembler devant l'éventualité d'une révolution communiste ! Les prolétaires n'ont rien à y perdre, que leurs chaînes. Et c'est un monde qu'ils ont à y gagner.

Prolétaires de tous les pays, unissez-vous !

APPENDICE

La collaboration de Frédéric Engels à *la Réforme* de Flocon et de Ledru-Rollin

Nous savons par la préface aux *Enthüllungen über den Kommunisten-Prozess zu Kœln* (p. 8), que Frédéric Engels « fournissait à *la Réforme* des informations sur le mouvement anglais et sur le mouvement allemand ». Peut-on dans *la Réforme* retrouver la trace de cette collaboration d'Engels ? Cette recherche devrait tenter un critique. Elle serait d'une difficulté très grande, puisque les articles de *la Réforme* ne sont pas signés. Nous apportons ici quelques conjectures motivées, et nous attribuons à Engels les articles suivants.

I

Sur la présence à Londres de Karl Marx et d'Engels pour le congrès où fut rédigé le *Manifeste communiste* (novembre et décembre 1847), et sur leur participation aux manifestations polonaises.

Nous verrons en effet, dans l'historique, que Frédéric Engels venait alors de séjourner quelque temps à Paris et qu'il fit le voyage de Londres pour représenter au congrès les groupes communistes allemands de Paris.

Bien que l'article mette en scène la personne d'Engels lui-même, il ne peut guère être que d'Engels même : 1° Le voyage du rédacteur de *la Réforme* coïncide avec le voyage d'Engels ; 2° Engels n'était-il pas chargé de rendre compte à *la Réforme* du « mouvement anglais et allemand » ? Donc Engels est ce rédacteur. Voici cet article (*La Réforme* du 5 décembre 1847).

On nous écrit de Londres, 30 novembre :

Cher citoyen,

Je suis arrivé hier au soir, juste à temps pour assister au meeting public convoqué pour la célébration de l'anniversaire de la révolution polonaise de 1830. J'ai assisté à beaucoup de réunions semblables, mais jamais je n'ai vu un enthousiasme si général, un accord si parfait et si cordial entre des hommes de toutes les nations.

La présidence avait été offerte à M. Harncott, ouvrier anglais.

Le premier discours fut celui de M. Ernest Jones, rédacteur du *Northern Star* [1] qui, tout en se prononçant contre la conduite de l'aristocratie polonaise dans l'insurrection de 1830 [2], applaudit vivement aux efforts qu'a faits la Pologne pour se soustraire au joug de ses oppresseurs. Son discours brillant et énergique fut vivement applaudi.

Après lui, M. Michelot prononça un discours en français.

M. Schapper, allemand, lui succéda. Il annonça au meeting que l'Association démocratique de Bruxelles avait délégué à Londres

1. C'est le journal des chartistes, dirigé par O'Connor, et dont le rédacteur en chef était Julian Harney. Engels y collaborait. (V. préface aux Enthüllungen, p. 8). Il y aurait à extraire du *Northern Star* les articles d'Engels.

2. C'est pourquoi le *Manifeste communiste*, § 75, appuie le parti qui fit l'émeute de Cracovie (1846), dirigée contre la féodalité agraire. Sur le programme de ce parti, v. *Commentaire*, § 75.

M. Marx, démocrate allemand et l'un de ses vice-présidents, pour établir des relations de correspondance entre la Société bruxelloise et la Société des démocrates fraternels de Londres, et aussi pour préparer la réunion d'un congrès démocratique des différentes nations de l'Europe [1].

M. Marx, en se présentant, fut accueilli par les applaudissements prolongés de l'assemblée.

Dans un discours allemand, traduit par M. Schapper, M. Marx déclare que l'Angleterre donnerait le signal de la délivrance de la Pologne. La Pologne, a-t-il dit, ne sera libre que quand les nations civilisées de l'Europe occidentale auront conquis la démocratie. Or, de toutes les démocraties de l'Europe, la plus forte, la plus nombreuse, c'est celle de l'Angleterre, organisée sur toute l'étendue du pays. C'est en Angleterre que l'antagonisme entre le prolétariat et la bourgeoisie est le plus développé, que la lutte décisive entre les deux classes de la société devient de plus en plus inévitable. C'est donc en Angleterre que commencera, selon toute probabilité, le combat qui se termi-

1. Sur Carl Schapper, v. l'*Introduction historique*. Il était, en ce temps-là, marxiste pur.

Schapper savait admirablement que Marx n'était pas seulement délégué de l'Association démocratique de Bruxelles, mais du groupe ouvrier bruxellois affilié à la Fédération des communistes. Toutefois il était interdit de parler de la Fédération. Les communistes allemands, à l'époque de Weitling déjà, dépistaient la police en entrant dans les groupes démocratiques radicaux, dont l'existence et la propagande étaient connues. Même après le *Manifeste communiste*, l'organisation communiste dut rester secrète. Les

nera par le triomphe universel de la démocratie et qui brisera aussi le joug de la Pologne. C'est de la victoire des chartistes anglais que dépend le succès des autres démocrates européens. C'est donc par l'Angleterre que sera sauvée la Pologne.

M. Harney, rédacteur en chef du *Northern Star*, a ensuite remercié les démocrates de Bruxelles de ce qu'ils s'étaient adressés tout d'abord aux démocrates de Londres, en ne tenant aucun compte des avances faites par les bourgeois de la Ligue internationale de Londres, société fondée par les *freetraders*, afin d'exploiter les démocrates étrangers dans l'intérêt du libre-échange, et pour faire concurrence à la *Société des démocrates fraternels*, composée presque exclusivement d'ouvriers.

M. Engels, de Paris, démocrate allemand, a ensuite déclaré que l'Allemagne avait un intérêt particulier à l'affranchissement de la Pologne, parce que des gouvernements allemands faisaient subir leur despotisme à une partie de la

démocrates fraternels furent un groupe affilié aux chartistes, mais international. Comme les démocrates de Bruxelles ils se confondaient en partie avec le personnel des groupes communistes. Le comité directeur des *fraternal democrats* comprenait : 1° pour l'Angleterre : G. Julian Harney, Ernest Jones, Thomas Clarck, Charles Keen ; 2° pour la France : J.-A. Michelot, H. Bernard ; 3° pour l'Allemagne : Carl Schapper, Joseph Moll, communistes-marxistes ; 4° pour la Scandinavie : Peter Holm, Luntberg ; 5° pour la Pologne : Louis Oborski ; 6° pour la Russie : C. Ponsc, P. Bluhm.

Le « congrès démocratique des différentes nations de l'Europe » est, bien entendu, le congrès où allait être discuté le *Manifeste communiste*.

Pologne. La démocratie allemande devrait avoir à cœur de faire cesser cette tyrannie, qui est une honte pour l'Allemagne.

M. Tedesco, de Liège, dans un discours énergique, a remercié les combattants polonais de 1830 pour avoir hautement proclamé le principe d'insurrection. Son discours, traduit par M. Schapper, a été chaleureusement applaudi.

Après quelques paroles de M. Charles Keen, le colonel Oborski a répondu au nom des Polonais.

M. Wilson, ouvrier anglais, qui par son opposition vigoureuse a tout récemment presque entraîné la dissolution d'un meeting de la ligue internationale, a, le dernier, harangué l'assemblée.

Sur la proposition de MM. Harney et Engels, trois salves d'applaudissements ont été décernées aux trois grands journaux démocratiques de l'Europe : *la Réforme*, le *Northern Star* et le *Journal allemand de Bruxelles* [1] ; sur la proposition de M. Schapper, trois *groans* ont été décrétés aux trois journaux anti-démocratiques : le *Journal des Débats*, le *Times*, et la *Gazette d'Augsbourg*.

Le meeting s'est terminé au chant de la *Marseillaise*, chantée par toute l'assemblée, debout et la tête découverte.

1. Karl Marx et Engels y écrivaient ; et il est fait très régulièrement, et sans doute par l'entremise d'Engels, des extraits du *Journal allemand de Bruxelles* dans *la Réforme* de Paris, depuis 1847.

II

Sur le programme agraire du chartisme. — Il nous semble qu'un article, antérieur au précédent, inséré dans *la Réforme* du 1er novembre 1847, et d'un style très teinté de germanisme, compléterait à merveille les indications données par Engels sur le chartisme, dans son livre sur la *Situation des classes laborieuses* en Angleterre. Il suffit de ne pas attacher trop d'importance à l'indication qui attribue à l'article une provenance londonienne. Cette indication servait surtout, pensons-nous, à authentiquer les renseignements que l'article apportait. Engels, à la date du 1er novembre 1847, devait être à Paris. Mais les renseignements fournis par l'article sont résumés d'après le *Northern Star,* où Engels écrivait et qu'il recevait.

On nous écrit de Londres :

Il y a environ deux ans que les ouvriers chartistes ont fondé une association dont le but est d'acheter des biens-fonds et de les répartir en petites fermes parmi les membres [1]. *On espère diminuer, de cette manière, la concurrence excessive que se font les ouvriers manufacturiers entre eux-mêmes* [2], en écartant du marché du

1. Engels avait signalé dans son livre sur les *Classes laborieuses en Angleterre* (2e éd. 1892, p. 238), le programme chartiste de la parcellation des terres *(allotment-system).* Tout en montrant que « la grande industrie en a déjà une fois triomphé », il ne contestait pas que « malgré l'apparence réactionnaire » des moyens de réforme proposés, le chartisme ne dût « inévitablement se rapprocher du socialisme ».

2. « La concurrence des ouvriers entre eux, écrivait Engels dans le même livre, p. 78, est l'arme la plus redoutable dont dispose la bourgeoisie contre le prolétariat. D'où l'effort des ouvriers pour enrayer cette concurrence par des associations, et la fureur de la bourgeoisie contre ces associations. »

travail une partie de ces ouvriers pour en former une classe de petits paysans toute nouvelle et essentiellement démocratique. Ce projet, dont l'auteur n'est autre que Feargus O'Connor lui-même, a obtenu un succès tel que la *Société terrienne des chartistes* compte déjà deux à trois cent mille membres, qu'elle dispose d'un fonds social de soixante mille livres sterling (un million et demi de francs), et que ses recettes annoncées dans le *Northern Star* dépassent 2.500 livres sterling par semaine. Enfin la société, dont je me propose de vous rendre plus tard un compte plus détaillé, a pris de telles dimensions qu'elle commence à inquiéter l'aristocratie territoriale. Car il est évident que ce mouvement, s'il continue à se propager dans la même proportion qu'il a suivie jusqu'à présent, *finira par se transformer en agitation nationale pour la prise de possession du sol national par le peuple*[1]. La bourgeoisie ne trouve pas non plus cette société de son goût. *Elle y voit un levier mis dans les mains du peuple, qui lui permettra de s'émanciper sans avoir besoin de l'aide de la classe moyenne*. C'est particulièrement la petite bourgeoisie, plus ou moins libérale, qui voit la *Société terrienne* d'un mauvais œil, parce que déjà elle trouve les chartistes beaucoup plus indépendants de son soutien qu'avant la fondation de l'association. De plus, ces mêmes radicaux, *incapables de s'ex-*

1. Je trouve là l'idée familière à Engels, selon laquelle le chartisme « inévitablement doit se rapprocher du socialisme ».

pliquer l'indifférence que leur montre le peuple, et qui est la conséquence inévitable de leur propre tiédeur[1], insistent à attaquer sans cesse M. O'Connor comme le seul obstacle d'une réunion des partis chartiste et radical. Il suffirait donc que l'organisation de la *Société terrienne* fût l'ouvrage de M. O'Connor, pour faire retomber sur elle toute la haine des bourgeois plus ou moins radicaux. D'abord, ils l'ignorèrent; quand la conspiration du silence ne fut plus tenable, ils s'attachèrent à prouver que la société était organisée de manière à finir inévitablement par la banqueroute la plus scandaleuse[2]; enfin, quand ce moyen n'empêcha pas la société de prospérer, ils revinrent à la tactique que, depuis dix ans, ils n'ont pas cessé d'appliquer, et toujours sans le moindre succès, contre M. O'Connor.

Ils cherchèrent à rendre suspect son caractère, à disputer son désintéressement, à détruire le droit, auquel il prétendait, de s'appeler le gérant incorruptible et non salarié des ouvriers. Lorsque donc M. O'Connor, il y a quel-

1. Engels avait très fortement marqué dans son livre (p. 237) cette « manière soporifique » des journaux radicaux, qui, après que Sturge, en 1843, eut rompu avec les hommes de la « force physique », restèrent indifférents à toutes les motions proprement ouvrières, au *bill* de la journée de dix heures, etc., et, dans toutes les collisions, se joignirent aux libéraux contre les chartistes.

2. La Société fit faillite réellement à la fin de 1847, mais faute d'actionnaires et par la résistance hostile des *trade-unions* conservatrices, qui interdirent à leurs trésoriers de confier des fonds à la société et retirèrent les fonds déjà déposés.

que temps, publia son compte-rendu annuel, six journaux s'attachèrent à le combattre. C'étaient le *Weekly Dispatch*, le *Globe*, le *Non Conformist*, le *Manchester Examiner*, le *Lloyds weekly Newspaper* et le *Nottingham Mercury* [1]. Ils accusèrent M. O'Connor de vols et de soustractions des plus effrontées, qu'ils cherchèrent à prouver ou à rendre probables par les chiffres du compte-rendu même. Loin de rester satisfaits de cela, ils fouillèrent dans la vie du célèbre agitateur : une montagne d'accusations, l'une plus grave que l'autre, s'entassa sur lui, et ses adversaires pouvaient croire qu'il en resterait accablé.

Mais O'Connor qui, depuis dix ans, n'a pas cessé de lutter contre la presse soi-disant radicale, ne fléchit point sous le poids de ces calomnies. Il publia dans le *Northern Star* de ce mois une réponse aux six journaux. Cette réponse, chef-d'œuvre de polémique, et qui rappelle les meilleurs pamphlets de William Cobbett, réfute accusation pour accusation, et, prenant à son tour l'offensive, dirige contre les six directeurs des attaques très dangereuses et pleines d'un superbe dédain. Aussi a-t-elle complètement suffi à justifier O'Connor aux yeux du peuple. Le *Northern Star* du 30 de ce mois contient les votes de confiance en O'Connor, passés en réunion publique des chartistes de plus de cinquante localités. Mais O'Connor a

1. La trahison du *Weekly Dispatch* et de [illegible] été déjà stigmatisée par Engels, dans [illegible]

voulu donner à ses adversaires l'occasion de l'attaquer devant le peuple. Il les a sommés de venir soutenir leurs charges en réunion publique, à Manchester et à Nottingham.

Aucun d'eux ne s'est produit. A Manchester, O'Connor a parlé pendant quatre heures, devant plus de 10.000 hommes qui l'ont couvert d'un tonnerre d'applaudissements et lui ont confirmé à l'unanimité la confiance qu'ils avaient en lui. La foule était si grande, qu'outre le meeting où O'Connor se défendit en personne, il fallut en tenir un autre sur la place publique, où dix à quinze mille individus, qui n'avaient pu entrer dans la salle, furent harangués par plusieurs orateurs.

Les meetings terminés, O'Connor déclara qu'il recevrait à l'instant même les souscriptions et les cotisations des membres de la *Société terrienne,* et la somme payée à lui, le soir même, dépassa mille livres sterling (25.000 francs.)

A Nottingham, où O'Connor convoqua le lendemain une des plus grandes réunions qui jamais y avaient eu lieu, l'enthousiasme produit par son discours fut le même.

C'est au moins pour la centième fois que M. O'Connor a triomphé de cette manière éclatante des calomnies de la presse bourgeoise. Imperturbable au milieu de toutes les attaques, l'infatigable patriote poursuit son œuvre, et la con[illegible]ime du peuple anglais est la meil[illegible] son courage, de son énergie et [illegible]

III

Sur la situation de l'Allemagne. (*La Réforme* du 6 août 1847). — Il est probable que Frédéric Engels était déjà revenu de Bruxelles à Paris, quand il écrivit cet article, qui atteste une connaissance très approfondie de la presse allemande, anglaise et française ; et les hommes qui possédaient cette connaissance n'étaient pas alors très nombreux. Il se pourrait, selon nous, que ce fût l'article par où Engels débuta dans *la Réforme* de Flocon. Il essaie d'appeler l'attention des démocrates français sur les journaux allemands, qu'il ne faut pas lire sans défiance, et sur ceux dont l'inspiration démocratique est véritable. Nous répétons qu'il ne faut pas attacher d'importance à l'indication qui fait venir d'Aix-la-Chapelle une lettre rédigée, sans doute, à Paris. Après la mesure d'expulsion dont Marx avait été l'objet en 1845, il ne fallait pas qu'un journaliste allemand, présent à Paris, laissât deviner qu'il collaborait à des journaux de la nuance démocratique-socialiste. Le ton persifleur et agressif de la lettre conviendrait fort à Frédéric Engels. Voici l'article :

On nous écrit d'Aix-la-Chapelle :

Les nouvelles d'Allemagne que vous recevez par les journaux se ressentent naturellement de la source d'où elles proviennent. Généralement ce sont des extraits des différentes feuilles censurées : de la *Gazette d'Augsbourg*, vendue à l'Autriche et à la Bavière ; de la *Gazette de Prusse*, organe somnifère[1] du cabinet de Berlin ; de la *Gazette de Cologne*, journal semi-libéral, appartenant à un riche libraire de nos

1. On a vu plus haut, chez Engels, la même habitude de style, quand il parlait de « la manière soporifique » du *Weekly Dispatch*, etc.

provinces rhénanes[1], spéculateur avide, qui n'a aucune opinion sincère, prêchant aujourd'hui un libéralisme de juste milieu, demain un article de complaisance gouvernementale.

Ajoutez à ces quelques détails la censure qui surveille, gêne et coupe toute pensée hardie, et vous verrez que la presse allemande se trouve sous une rude tutelle.

L'Observateur rhénan, de Cologne, est une feuille servile du cabinet de Berlin[2]; aussi, malgré les subventions gouvernementales ne peut-il obtenir plus de 4 à 500 abonnés. La *Gazette du Weser*, à Brême, la *Gazette du soir*, à Mannheim, et cette dernière surtout, avec une nuance radicale, comptent parmi les feuilles les plus indépendantes de l'Allemagne ; mais ce sont précisément celles que les bureaux de traduction à Paris citent le plus rarement.

Les journaux publiés en allemand dans la Suisse n'ont d'autre intérêt que celui qui s'attache aux questions locales.

En Angleterre on publie également un journal allemand sous le nom de *Deutsche Londoner*

1. Souvenons-nous qu'Engels, originaire de Barmen, a le droit de dire *nos* provinces rhénanes.

2. C'est le journal créé par Wagener, socialiste chrétien et féodal, pour extirper les effets de la propagande démocratique de la première *Gazette rhénane* où collaborait Karl Marx. L'un des premiers adversaires que combattit la *Gazette allemande de Bruxelles*, dont il va être question tout à l'heure, dirigée par Bornstedt, et où Marx et Engels publièrent des articles retentissants, quoique anonymes, fut précisément ce socialisme féodal de l'*Observateur rhénan*. V. aussi le *Manifeste communiste* et le *Commentaire*, §§ 55-58.

Zeitung. Malheureusement, les quelques idées démocratiques qu'elle publie quelquefois se trouvent bien déparées par les espérances de restauration qu'elle annonce en faveur du duc de Brunswick.

Depuis le 1er janvier dernier, M. Bornstedt rédige à Bruxelles une *Gazette allemande de Bruxelles* (Deutsche Brüsseler Zeitung), dont l'entrée est sévèrement défendue en Prusse et dans toute l'Allemagne. Néanmoins un grand nombre[1] pénètrent par divers moyens jusqu'à Berlin ; quelques-uns mêmes se trouvent parfois mystérieusement jusque sur la table du roi de Prusse. Il est assez curieux de voir avec quelle célérité notre police fait ici des recherches pour découvrir chaque numéro qui peut être introduit en contrebande. Ce zèle puéril du cabinet de Berlin contre une feuille naissante vous donne une idée de la façon dont le gouvernement allemand comprend la manifestation de la vérité.

Il faut dire que la *Gazette allemande de Bruxelles* a publié plusieurs articles de Mazzini, le chef de la Jeune Italie, de M. Stolzmann, un des plus énergiques représentants de la démocratie polonaise, et de plusieurs publicistes éminents de l'Allemagne[2].

1. On avouera que, pour fournir ce renseignement, il fallait être de la maison. Engels en était. Ajoutons qu'il avait de vieilles relations littéraires à Berlin.

2. Nous ferons observer la discrétion extrême et révélatrice, qui est mise ici par l'auteur à ne nommer ni Marx, ni Bornstedt, ni Engels, alors que certainement, il les connaît.

En Amérique, aux États-Unis (car la presse libre de l'Allemagne n'existe qu'au dehors de ce pays), il y a une centaine de journaux imprimés en langue allemande. La plupart sont purement démocratiques. Le plus répandu, même en Europe, se nomme la *Malle-poste allemande de New-York* (Deutsche Schnellpost in New-York). Les correspondances que reçoit cette feuille des bords du Rhin, du midi de l'Allemagne, et quelquefois de Paris, sont ce qu'il y a de mieux rédigé dans toute la presse allemande, à l'exception toutefois de quelques articles de fond et correspondances de la *Gazette allemande de Bruxelles*.

Après ce rapide exposé de la presse allemande, j'aurais à vous entretenir un peu de l'opinion publique dans notre pays. Mais je vous écrirai plus au long à ce sujet dans quelques jours[1]; je me bornerai seulement d'aborder aujourd'hui quelques points principaux.

L'Autriche n'exerce plus aucune influence morale sur l'Allemagne; son gouvernement est détesté, car sa conduite en Gallicie (*sic*) et en Italie est là cause que le nom allemand y est si vivement attaqué[2].

L'empire autrichien, d'ailleurs, est rongé d'un mal incurable qui prélude à la dissolution de

1. Ce sera l'article du 25 août, ci-dessous reproduit.

2. On a vu plus haut une déclaration analogue d'Engels faite à Londres, un peu plus tard, le 29 novembre 1847 : « Des gouvernements allemands font subir leur despotisme à une partie de la Pologne. La démocratie allemande devrait avoir à cœur de faire cesser cette tyrannie qui est une honte pour l'Allemagne. » (p. 78-79).

cette agglomération d'États artificiellement soudés l'un à l'autre. La Bohême et la Hongrie forment une opposition formidable et énoncent hautement le vœu d'une émancipation complète avec le système abrutissant de la chancellerie de Vienne.

En Prusse, il en est de même.

Le roi actuel avait fait concevoir, lors de son avènement au trône, beaucoup d'espérances. Comme tant d'autres brillants *parleurs* officiels, il avait promis au peuple monts et merveilles, mais la montagne en travail accoucha d'une souris !...

Peu à peu aussi la popularité du roi se perdit ; les choses même en sont venues aujourd'hui à ce point, qu'il y a peu de princes aussi compromis, vis-à-vis de l'opinion publique, que Frédéric-Guillaume IV. Malheureusement pour ce roi, mais heureusement pour les peuples, le culte monarchique perd chaque jour sa puissance en Allemagne, et M. de Châteaubriand avait raison en disant : *Les rois s'en vont.* Toute l'Allemagne attendait avec impatience que la Diète réunie à Berlin[1] fît acte d'énergie et posât ses principes vis-à-vis de la cour et de sa

1. C'est la célèbre *Diète réunie*, que le roi composa en 1847, par la juxtaposition en une assemblée unique de toutes les assemblées d'États provinciaux existantes en Prusse. Frédéric-Guillaume IV y prononça la harangue fameuse sur « la *relation d'immédiateté* qui unit le peuple et le roi, entre lesquels il n'est pas admissible que se glisse une feuille de papier noirci, une Constitution ». Marx se gaussa fort de cette *relation d'immédiateté*, dans un article de la *Gazette allemande de Bruxelles*, dont la conclusion est ci-après reproduite.

bureaucratie appuyée par les monarchies absolutistes de l'Autriche et de la Russie.

La harangue burlesque du roi de Prusse à l'ouverture de la Diète, la clôture piteuse de ses opérations, sa faiblesse qui ne put arracher aucune concession sérieuse à la couronne, tout a concouru à augmenter le nombre de ceux qui sont convaincus que l'Allemagne ne peut sortir de la domination policière et absolutiste qu'en arborant la bannière d'une opposition énergique et décidée.

Jadis on dansait à Paris sur un volcan; je puis vous assurer que de graves événements se préparent en Allemagne, et que cet air si lourd qui pèse sur nous annonce l'approche de l'orage. L'Allemagne se prépare à la lutte. Aussi chaque jour les gouvernements exercent-ils de nouvelles persécutions contre les ouvriers, voire même contre les sociétés de chant; partout la mauvaise conscience de nos despotes voit des ennemis soulevés contre leur tyrannie.

Ne croyez point, Monsieur, que la coterie *gallophobe* exerce encore de l'influence chez nous. Les hommes tels que Arndt, Dahn, etc., n'ont plus d'action sur le peuple ni sur la jeunesse de nos universités. Ces hommes avaient autrefois du talent et de l'énergie, mais leur temps est passé. La *Gazette allemande de Bruxelles* a tort de revenir si souvent sur leur compte, bien qu'elle les bafoue impitoyablement. Elle devrait quelque respect aux morts [1], car le ridicule a

1. Phrase ironique, cela va sans dire, puisque ces personnages étaient bien vivants.

tué ces pauvres gallophobes, et le ridicule a fait depuis longtemps justice de ces bornes politiques.

IV

Sur l'opinion publique en Allemagne. (La Réforme du 27 août 1847.) Cet article fait suite au précédent, qui l'annonce :

On nous écrit d'Aix-la-Chapelle, le 23 août :

Dans peu de jours le roi de Prusse doit entreprendre un voyage dans nos provinces, pour y inspecter plusieurs corps d'armée. Ayant perdu toute sa popularité, les autorités font déjà en ce moment tous leurs efforts pour empêcher que l'accueil fait à ce prince ne soit point par trop significatif.

Chaque jour, ici, l'opinion publique se prononce de plus en plus en faveur d'une opposition *décidée ;* on sait que le système suivi par les *députés diplomates* de nos provinces, voulant essayer la *tactique* parlementaire, n'a produit finalement que le triomphe du gouvernement, et un résultat négatif pour nos libertés publiques. Aussi les députés mous et incertains, comme M. Camphausen, ont-ils perdu toute autorité à Cologne, et M. Hansemann, d'Aix-la-Chapelle même[1], ne représente nulle-

1. Cet artifice pour démarquer l'article et lui donner l'apparence d'une origine étrangère, était facile. Le ministre Hansemann était, de notoriété publique, un grand drapier d'Aix-la-Chapelle et président de la Chambre de commerce de cette ville.

ment l'opinion vraiment libérale et démocratique.

M. Hansemann et les principaux orateurs de la diète passée sont à peu près de la nuance de votre aristocratie financière sous la Restauration, qui combattait l'ancienne noblesse, l'influence cléricale, qui voulait le règne de l'aristocratie d'argent, mais qui n'avait aucun sentiment profond de l'émancipation populaire.

L'Allemagne n'a donc nullement envie de faire, comme la France, dupée par les exploiteurs de la Révolution de juillet, le triste essai d'un système qui érige en culte le *veau d'or*, le seul mobile des intérêts matériels, le remplacement de l'aristocratie territoriale, bureaucratique, ministérielle et courtisanesque, par celui des majorités financières, boursicotières et exploitatrices.

L'Allemagne veut l'unité, la liberté, la fraternité, l'organisation du travail et l'émancipation des classes ouvrières [1].

Quant à nos *métis* libéraux, espèce de contrefaçon de votre *centre* gauche, et allant tout au plus jusqu'à la faconde ampoulée de M. Odilon Barrot, la véritable opinion publique ne leur accorde aucune confiance. Ce sont des hermaphrodites politiques dégénérés en libéraux;

1. C'est la terminologie démocratique ancienne. Mais les marxistes n'hésitent pas à l'employer pour se faire entendre des démocrates socialistes. Bien après les débats sur le *Manifeste communiste*, des marxistes tels que Moll et Schapper, signent avec les *fraternal democrats* de Londres des manifestes terminés par la formule ancienne et prohibée : « Tous les hommes sont frères! »

mais au lieu de marcher à la conquête des libertés, ils se traînent à genoux devant les princes, les implorant de leur faire l'aumône de quelques miettes de libertés. Aussi la *Gazette allemande de Bruxelles* dit-elle avec raison : « Jamais aucun peuple ne conquit ses libertés en les implorant comme une grâce de la part des rois. On fait l'aumône à un pauvre, mais un peuple sain et robuste demande des droits. Et comme pour une bonne armée, le proverbe a raison de dire : Pendant la paix, on doit se préparer à la guerre[1]. »

V

Sur la crise économique de 1847 en Angleterre. — On sait quelle importance a dans le marxisme, et surtout dans la forme que lui donne Engels, la théorie des crises. Engels mettait son amour-propre à prédire les crises économiques avec exactitude. Il avait prédit celle de 1847. Il avait signalé, en 1845, dans son livre sur *Les Classes laborieuses en Angleterre* (2e éd., pp. 89 et 239), qu'après la vive prospérité du

1. C'est un extrait, un peu inexact, fait de mémoire, d'un article de Marx dans la *Gazette allemande de Bruxelles.* « Le peuple est de tous les éléments politiques le plus dangereux pour le roi. Non pas le peuple dont parle Frédéric-Guillaume, et qui, les larmes aux yeux, remercie quand on lui donne un coup de pied et un gros sou. Ce peuple-là est tout à fait inoffensif, car il n'existe que dans l'imagination du roi. Le peuple vrai, le prolétariat, les petits paysans, la populace, sont autres. Ce peuple est, comme dit Hobbes, *puer robustus, sed malitiosus*, un garçon robuste, mais malicieux, et il ne laisse ni les rois maigres, ni les rois gras, se moquer de lui. Ce peuple-là, avant tout, contraindrait Sa Majesté à lui donner une constitution, avec le suffrage universel, la liberté d'association, la liberté de la presse, etc. »

commerce et de l'industrie qui suivit 1842, une crise surviendrait « au plus tard en 1847, qui dépasserait en violence et en fureur toutes les précédentes », et il affirmait que « la misère des ouvriers obligerait à recourir non plus à des mesures politiques, mais à des mesures sociales. » En 1892 encore il s'enorgueillissait de la justesse de sa prophétie.

Il nous semble que l'article ci-dessous, inséré par *la Réforme* du 9 décembre 1847, pourrait être d'Engels, qui l'aurait alors envoyé de Londres, où il siégeait dans le congrès communiste; Marx et Engels faisaient devant ce congrès une description du mécanisme des crises très approchée de celle qui est faite ici, d'après des documents anglais.

Les consolidés sont de nouveau en baisse. Un des comptoirs de la compagnie des Indes-Orientales aurait aussi suspendu les paiements.

Voici l'opinion des journaux anglais sur la situation commerciale.

On lit dans le *Standard*:

Les nouvelles concernant l'état des affaires dans les districts manufacturiers, à la fin de la semaine dernière, ne sont pas regardées comme très satisfaisantes. Un des inconvénients résultait de la grande dépression du commerce, par suite de la rareté de l'argent. C'est la difficulté de rétablir les prix de manière à faire un bénéfice.

Quand les acheteurs ont obtenu des marchandises à un prix réduit, ils perdent de vue le sacrifice fait par le vendeur, et ce n'est qu'autant que la production se renferme dans les limites des commandes qu'ils peuvent être amenés à fixer un prix plus élevé.

On s'en ressentira longtemps, non seulement en ce qui concerne notre commerce intérieur, mais encore dans tous les marchés étrangers; car nos produits ont été vendus au-dessous du prix de fabrication, surtout en Chine et aux Indes-Orientales, où l'on ne comprendra pas si aisément les circonstanees qui ont amené la dépréciation.

Il est de la plus haute importance que ce point soit bien compris, et que ces manufacturiers prennent des mesures contre cet inconvénient.

Certes, il est difficile de mieux apprécier la gravité de la crise qu'on vient de traverser en partie et qui continue encore. Le commerce de l'Angleterre semble frappé au cœur.

De toutes parts les ouvriers sont jetés sur le pavé, les usines se ferment, la production se restreint dans le but avoué de faire hausser les produits d'une manière factice. Triste expédient, car si le capital a sa logique préméditée, les populations sans travail ont aussi la leur, toute spontanée à la vérité, pour répondre à ce syllogisme inexorable du privilège qui, dans l'industrie, dans la rue, conclut toujours à la mort, et jette aux mauvaises inspirations de la faim le défi de la guerre à outrance, après s'être entouré d'un rempart de baïonnettes et de canons.

Le *Globe* constate la réduction calculée de la production et des salaires, en ces termes :

Nous regrettons d'avoir à constater que le commerce des fers est en souffrance. Un courtier influent, en rapport avec ce commerce, nous donne à cet égard, les renseignements suivants :

« Pendant le mois passé, le marché aux fers a subi une dépression encore plus forte, tant à cause de la suppression des travaux de chemin de fer, que de la pression continuelle sur le marché d'argent.

« Aussi, le commerce, qui était depuis deux ou trois ans dans un état de grande prospérité, est-il sur le point de voir changer sa position.

« Quelques grands propriétaires d'usines ont déjà suspendu leurs paiements, et laissé sans travail un grand nombre d'ouvriers; et l'on commence à dire sérieusement que si le commerce n'est mieux soutenu, Glascow et Staffordshire s'en ressentiront cruellement.

« Les demandes de toute espèce de fers ont beaucoup diminué, pendant que les magasius s'encombrent de produits.

« Pour se plier à cette situation, les maîtres de forges réduisent la production et diminuent les salaires de leurs ouvriers.

« Ont dit que 2,000 tonnes de rails, construits la semaine dernière, ont réalisé, dans le pays de Galles, un prix qui n'équivaut pas à plus de sept livres sterling (175 fr.) par tonne ».

Les petites faillites de 2 à 500.000 francs, dans toutes les branches du commerce, continuent avec intensité et portent la désolation dans les capitaux moyens et le travail.

Les métaux sont cependant accumulés dans les coffres de la Banque.

La Belgique participe à cet état de choses.

Les faillites de Mons paraissent avoir causé de grands embarras à Charleroi, où plusieurs suspensions de paiements ont eu lieu par contre-coup. La maison Hennekim-Briard avait une succursale à Charleroy, et pour combler la lacune qui résulte de la suspension des paiements de cette maison, on a prié la banque de Belgique d'établir une agence dans cette ville (Charleroi). (*Globe*).

En France, nous sommes aussi à la baisse, en raison, dit-on, des nombreux appels de fonds des compagnies de chemins de fer.

Tout annonce que nous allons entrer dans une phase de plus en plus difficile pour notre industrie, notre commerce et nos braves et malheureux ouvriers[1].

1. Il se peut sans doute que la rédaction de la *Réforme*, pour donner à cet article, insolite dans ses colonnes, un intérêt actuel, et pour appeler sur lui l'attention du public français, ait ajouté les deux derniers alinéas.

Mais on remarquera que la déduction des crises, dans le livre des *Classes laborieuses en Angleterre*, énumérait les faits dans l'ordre suivant, qui est l'ordre même développé dans l'article ci-dessus : 1° La baisse de prix (par suite de surproduction), qui oblige à vendre à perte ; 2° La cessation subite de la production, qui jette les ouvriers en foule « sur le pavé » ; 3° La propagation rapide du mouvement des faillites . « Une maison après l'autre suspend ses paiements, les faillites se succèdent, » avait dit de même le livre sur les *Classes laborieuses en Angleterre* (p. 86) ; 4° La restriction de la production relève les prix au moment où la misère est la plus intense ; 5° « Il est trop tard pour une solution pacifique... La guerre des pauvres contre les riches est devenue inévitable. » (P. 300).

BIBLIOTHÈQUE NATIONALE R.F. IMPRIMÉS

TABLE

BIBLIOTHÈQUE NATIONALE R.F. IMPRIMÉS

Ce volume a été composé et tiré par des ouvriers syndiqués.

Pithiviers. — Imp. L. GAUTHIER

www.ingramcontent.com/pod-product-compliance
Ingram Content Group UK Ltd.
Pitfield, Milton Keynes, MK11 3LW, UK
UKHW022119190726
13855UKWH00003B/964

9 782013 567190